经济学一本通

JINGJIXUE YI BEN TONG

朱广平 等 ◎ 著

光明日报出版社

图书在版编目（CIP）数据

经济学一本通 / 朱广平等著. -- 北京：光明日报出版社, 2013.4（2019.5 重印）
 ISBN 978-7-5112-4517-5

Ⅰ.①经… Ⅱ.①朱… Ⅲ.①经济学—通俗读物 Ⅳ.① F0-49

中国版本图书馆 CIP 数据核字（2013）第 082654 号

经济学一本通
JINGJIXUE YI BEN TONG

著　　者：朱广平　等	
责任编辑：靳鹤琼	责任校对：王腾达
封面设计：青蓝工作室	责任印制：曹　净

出版发行：光明日报出版社
地　　址：北京市西城区永安路 106 号，100050
电　　话：010-67022197（咨询），67078870（发行），67019571（邮购）
传　　真：010-67078227，67078255
网　　址：http://book.gmw.cn
E - mail：lijuan@gmw.cn
法律顾问：北京德恒律师事务所龚柳方律师

印　　刷：北京朝阳新艺印刷有限公司
装　　订：北京朝阳新艺印刷有限公司
本书如有破损、缺页、装订错误，请与本社联系调换，电话：010-67019571

开　　本：145mm×215mm　　　　印　张：12
字　　数：110 千字
版　　次：2013 年 4 月第 1 版
印　　次：2019 年 5 月第 3 次印刷
书　　号：ISBN 978-7-5112-4517-5
定　　价：29.80 元

版权所有　翻印必究

前　言

经济学又称为经济科学，即经世济民的科学，是研究人类个体及其社会在自己发展的各个阶段的各种需求和满足需求的活动及其规律的学科。经济学的产生和发展具有十分悠久的历史，在资本主义以前的各个历史时期，就有不少思想家对当时一些经济现象和经济问题发表见解，形成某种经济思想，如古希腊色诺芬的《经济论》、柏拉图的社会分工论和亚里士多德关于商品交换与货币的学说。

随着商品经济的发展和社会分工的深化，人类经济活动的内容愈来愈复杂、丰富，专业化程度愈来愈高；同时，各种经济活动之间、经济活动与其他社会活动之间相互依存、相互渗透的联系，也愈来愈紧密。与之相应，经济学的研究范围也愈来愈扩展，不断分化出带有应用性的独立的部门经济学、专业经济学等分支学科，并且还出现了经济学科内部各个分支相互交叉的学科，以及经济学科与其他社会科学，以至自然科学学科之间彼此联结的边缘学科。这样，就在社会科学中逐步形成了一个庞大的、门类分支繁多的经济学科体系。

面对古今中外浩如烟海的经济学著作、艰深抽象的经济学理论，以及门类繁多的经济学支派，作为非经济学专业的普通读者，如何才能在短时间内对经济学有一个通盘的了解呢？

也许有人会说，学习经济学只是那些从事资源配置的政府官员的分内之事，普通老百姓只须知道如何赚到钱维持生计就足够了。其实不然，作为普通老百姓，虽然不必要像经济学家或主管经济的政府官员那样把经济学研究作为职业，但是，要更深刻地了解那些存在于我们身边、关乎我们幸福和成功的生活现象背后的本质和真相，以便让我们在面临某些问题时能够更加睿智，少投入一些沉没成本，也就是减少一些不必要的、没有任何意义和回报的浪费，不学经济学、不懂经济学是不行的。更重要的是，我们只有构建起和经济学家一样的思维方式，才能游刃有余地应对庞杂生活中的一切问题，在充满复杂博弈的谈判、体力的角逐和智力的较量中获得最大的收益，成为更精明的消费者、投资者、企业管理者，才能更理智地进行各项人生选择，获得最终的成功。总之，经济学是一门研究如何抉择的学问。它所研究的对象，既包括政策制定者如何"经国济世"的大谋略，也包括一家一户怎样打醋买盐的小计划。所以无论你是鲜衣华盖之辈，还是引车贩浆之人，经济学都与你息息相关。可以说，经济学是一门生活化的学问，懂得一些经济学知识，可以帮助你在生活中轻松地做出决策，过上有清晰思路的生活。比如，你决定将要在学校里待多少年，你决定支出和储蓄的比例，你对你所管理的企业的产品怎么定价。所有这些，正如有一句话说的那样：经济学也许不能使你免为乞丐，但是它可以告诉你，为什么你站在乞丐的队伍里。

既然学习经济学对于生活在现代社会的每一个人都是如此必要，为了帮助非经济学专业的普通读者快速掌握经济学的基本知识和原理，我们精心编写了这部《经济学一本通》，书中用通俗易懂的语言对经济学的本质、经济学独特的思考方式以及经济学的基本概念和规律进行了深入浅出的讲解，帮助广大读者通过一本书读懂经济学，学会像经济学家一样思考，用经济学的视角和思维观察、剖析种种生活现象，指导自己的行为，解决生活中的各种难题，更快地走向成功，尽享财富人生。

目 录

第一篇 经济学的本质

第一章 什么是经济学 ····················· 2
经济学是使人幸福的学问 ················ 2
当经济学成为一种生活方式 ·············· 3
经济学是一种选择 ····················· 5
经济学的无穷魅力 ····················· 9

第二章 经济学的思考方式 ················ 12
你身边的外部性 ····················· 12
需求大都是好事吗 ···················· 13
什么是恩格尔系数 ···················· 16
"天价"的背后 ······················· 17
长相与收入有关吗 ···················· 19
名牌背后的秘密 ····················· 21

第三章 经济理性能力的培养 ·············· 23
成功人士的经济学特点 ················· 23
适度的非理性有时是一种理性 ············ 25
光有理性也不行 ····················· 28
要相信自己的思考 ···················· 30

第二篇　经济学的基本概念及规律

第一章　选择中的成本与收益 ... 34
  人生之路是一条选择之旅 ... 34
  非多考个证不可吗 ... 36
  "霍布斯的选择" ... 39
  最好的选择来自理性的比较 ... 40
  收益就是你的标尺 ... 42

第二章　机会成本 ... 46
  何为机会成本 ... 46
  吃苹果的学问 ... 47
  "面子"经济学 ... 49
  关注考研的机会成本 ... 51

第三章　逆向选择 ... 54
  什么是逆向选择 ... 54
  信息不对称下的逆向选择 ... 56
  小人得志与怀才不遇 ... 58
  如何避免逆向选择 ... 61

第四章　偏好与效用 ... 65
  萝卜白菜各有所爱 ... 65
  偏好在先，效用在后 ... 67
  商家、消费者的效用博弈 ... 68

第五章　幸福指数 ... 71
  幸福指数的来历 ... 71
  金钱、地位、幸福值 ... 73

理性看待幸福指数……………………………………75
　　关于生活幸福度的经济学分析………………………78

第三篇　社会生活中的经济学应用

　第一章　日常生活中的经济学………………………………83
　　竞争有什么好处………………………………………83
　　节俭是一种悖论………………………………………85
　　闲暇提供什么效用……………………………………88
　　什么是覆水难收………………………………………90
　　适度娱乐提升生活质量………………………………94
　　健康就是财富…………………………………………96
　　亚健康与工作…………………………………………98
　　如何以最小的成本保持健康…………………………101

　第二章　职场中的经济学……………………………………104
　　哪些因素影响劳动价值………………………………104
　　今天工作不努力，明天努力找工作…………………107
　　跳槽是否理性…………………………………………110
　　职场中的处世哲学……………………………………112
　　职场共赢6法则………………………………………114

　第三章　人际关系中的经济学………………………………120
　　人际关系就是资源……………………………………120
　　人际关系的选择学问…………………………………122
　　朋友间也需要投资……………………………………125
　　不要做一次性人情……………………………………127

3

交往中的心理博弈……………………………………130
　　该交什么样的朋友……………………………………131
　　寻找生命中的贵人……………………………………135
　　分享快乐和分担风险…………………………………137
第四章　消费中的经济学…………………………………140
　　消费要懂得理财………………………………………140
　　做个理智的消费者……………………………………142
　　选择性消费……………………………………………145
　　把握好最佳购买阶段…………………………………148
　　培养买卖东西的能力…………………………………149
　　交换对每个人都有好处………………………………153
　　价格是谁给抬起来的…………………………………155
　　货比三家比什么………………………………………158
　　天下没有免费的午餐…………………………………161
　　消费维权………………………………………………163
第五章　投资中的经济学…………………………………166
　　什么是投资理性………………………………………166
　　巴菲特投资定律………………………………………169
　　储蓄定律………………………………………………170
　　如何储蓄………………………………………………172
　　巴菲特投资10戒………………………………………174
　　投资的回报……………………………………………176
　　怎样做一个精明的投资家……………………………177
　　收藏也是经营财富……………………………………180

第一篇
经济学的本质

第一章　什么是经济学

经济学是使人幸福的学问

萧伯纳，英国著名的戏剧家、文学家和社会主义宣传家，1925年诺贝尔文学奖获得者，他曾经说过这样一句话："经济学是一门使人幸福的艺术。"经济学的研究对象是人，那么研究人类的幸福也应该是经济学的必由之路和归宿点。从经济学如何教人致富，如何合理利用人类稀缺的资源等问题来看，它的确如此。

这种幸福感在经济学大家身上可见一斑。美国著名非主流经济学家加尔布雷斯幸福地生活了97年，新自由主义大师弗里德曼幸福地度过了94年的时光。"从这两位大师的身上，我们可以感受到经济学的魅力，可以感受到真正的经济学精神对于我们社会的建设性作用。"经济学家卢周来这样评价两位大师。

美国马克思主义经济学家保罗·斯威齐也是94岁高寿，中国经济学家薛暮桥生活了101年，这似乎可以得出一个结论：经济学思想巨匠普遍长寿。回想起开头萧伯纳说的那句话，我们可以认识到献身经济学研究的人是幸福的，这种幸福的来源在于经济学家用经济学这个工具认清了这个纷繁复杂的世界。

经济学，其最基本的功能就在于给人们提供了一种认识世界的平台、分析世界的方式和改造世界的方法。在我们今天所处的这样一个扑朔迷离而又快节奏的社会里，用经济学的眼光和方法去思考问题、分析问题,会让一切事物真实地呈现在自己面前,这就是真正意义上的"看破红尘",由此看来,经济学家普遍长寿也就不足为奇了。

研究经济学一定要有哲学家的头脑,经济学的任务应该是透过表面现象来研究和揭示经济规律、经济现象、经济关系。正是由于经济学家们对世界"心如明镜",才使得他们心情愉悦,得享高寿。

诺贝尔经济学奖获得者、英国著名经济学家约翰·梅纳德·凯恩斯认为,经济学"不是一种教条,而是一种方法,一种心灵的器官,一种思维的技巧,帮助拥有它的人得出正确结论"。一个优秀的教练员未必比运动员实战水平更高,但他却能够给运动员以理论、经验和方法,使他的技能得到提高。一个优秀的经济学家未必是一个理财能手、成功的企业家或政府官员,但他却能给一个理财能手、成功的企业家或政府官员非常重要的指导。

经济学不仅能揭示一个国家经济运行发展的规律趋势,而且还能解决人们生活中存在的种种问题。所以,"使人幸福的经济学"不是高高在上的阳春白雪,也绝不是停留在经济学家的鸿篇巨著、经济评论家的艰深高论和难辨真假的媒体评论上,它是平常人触手可及的学问,而使社会大众幸福则正是经济学的宗旨所在。

当经济学成为一种生活方式

做研究是一种生活方式,做经济学研究是经济学家的生活方式。

经济学认为，不同的人有不同的禀赋，所以，不同的人有不同的比较优势，分工合作就能够提高社会的总产出。孔子曰："三人行，必有我师焉"，如果每个人都这样去想，不同的人就可以相互学习与合作。分工合作是经济学最为朴素的智慧，但即使是读经济学的人也并不一定真正领会到其中的含义。

在通常情况下，每一个人创造的价值都可以由市场来评判，于是每个人根据自己产品的市场价格来决定生产什么，社会分工自然就形成了。但这套机制放在学术研究里就不行，道理非常简单——而且又是个经济学的朴素原理——知识是没有竞争性的市场的，因此也难以定价。正是基于这些朴素的道理，经济学家坚持与学生一起通过专题讨论会的方式来学习新的论文，讨论那些与当代中国经济与社会相关的问题。也正因为如此，经济学家会利用一切机会请国内外的学者与之交流研讨。

经济学的另一个原理是，对于公共产品的提供，每个人都有搭便车的倾向，这使得公共产品将陷于供给不足的局面。经济学家应该最明白这个道理。学术研究的合作实际上就是一个创造（对合作各方而言的）公共产品的过程。因此，在学术研究的合作中，经济学家必须克服自己的惰性，先做一个愿意奉献的好人。

经济学还有一个简单的原理是供给应该适应需求，否则，会给生产者带来亏损，在更为宏观的层面，则是资源的误配置和经济衰退。这就涉及"研究什么"的问题。经济学作为一门社会科学，它必须在内容上适应需求，特别是来自于当代社会的需求。经济学应该去研究有利于人类福利的重大问题，这就要求经济学家超越个人的喜乐、得失去关注整个社会的前途和命运。一个好的经济学家如果没有强烈的人文关怀和社会责任感，就难以做出出色的研究，因为他关注的问题可能对大多数人都不重要。作为中国的经济学家,应了解自己生长的这片土地,了解中国,应了解中国作为一个发展中的大国所面临的各种各样的问题和挑战,第一要务是为中国的政治、社会和经济的全面发展提供经济学的智慧。

知识的生产是否符合需要还与知识生产的方式有关。在目前的中国,经济学的普及程度不会好于40年前的美国。因此,经济学家还需要借助于各种现代的手段来普及经济学的知识,包括教材、媒体和"内参"。经济学的又一条原理是,不同的生产要素如果是互补的,那么,多种生产要素的互补就可以提高单一生产要素的边际生产率。从这一意义上来说,无论是论文,还是教材,抑或是博客,都是生产和传播经济学的"生产要素"。这些"生产要素"并不是天然互补的,如果用得不好,如果它们被用来生产与知识无关的东西,那么,它们相互间的互补性就无从谈起。利用各种方式的"互补性"来生产和传播经济学的知识,这是一门艺术,更是一种生活方式。

经济学是一种选择

不要以为经济学是那些高居庙堂的经济学家们才玩的游戏。经济学其实存在于每个人的日常行为中,每个人在生活中都在有意无意地运用经济学道理进行选择和取舍,企图以最小的成本获得最大的收益。

经济学卸下了人们头上浪漫的生活光环,让人们走出虚幻的精神圣殿,走进柴米油盐,走进利益纷争。红尘浮世,人间冷暖,成败得失,背后都有一股利益暗流涌动。这个利益不仅是物质利益,也有精神利益、感情利益,更有许多日常选择面临抉择的智慧。

一位刚从某高校工商管理专业毕业的女大学生,想到自己找到工作的经历仍然感到很得意。她的简历对自己的能力及不足来了个"明码标价",乍一看,就像一个"价目表"。她说:"这一招助我一路拼杀,找到了现在非常满意的工作!"基本价值:1800元——作为一个教育部直属重点大学的本科毕业生,在16年的求学生涯中耗费了父母大量的金钱和感情,需要足够的物质支持来回报家人和提供个人生活基本费用,并用于支付工作技能的进一步发展。

技能价值:-500元——明白自己作为一个管理学专业的学生缺乏"一技之长",所能干的工作似乎任何专业的人都可以胜任,但我的优势只有在进入某单位经过一段时间的磨炼后才能有所发挥。为了感激贵单位给予这个"进门"的机会,认为应该减去500元的月薪。

性格价值:100元——开朗活泼幽默的性格,能最大限度地使一个团体士气高昂,在愉快的氛围中保持工作的高效。

经验价值:-500元,深知自己的经验欠缺,没有独立地完成过一次完整的学术研究,也没有组织过大型的社会活动,但是请相信,作为一个具有扎实的专业知识和较高的综合素质的社会新人,能很快完成从学生到管理工作者的过渡。

....

和其他毕业生的简历相比,她的简历更像一份报价单。她对自己的各项素质进行了具体而客观的评价,分别给出了或正或负的价值数额。最后,她给自己评定的市场价值是2500元。

这位同学就是以经济学的眼光看待自己,衡量自己。也许她并不懂得经济学,但她的行为却符合经济学原理。如果把求职看为一种市场行为,这位同学就是卖方,企业则是买方。这位同学对自己的特点一一介绍并明码标价,她的优劣让企业一看便知。这和商家推销产品是一个道理,这种产品是干什么用的,有什么特点,价值多少,让人清清楚楚。有些同学对自己的评价,尽是"本人刻苦努力,成绩优良,尊敬老师,团结同学,积极参加各种社会活动,只要贵单位能给我一次机会,我一定努力工作"之类,至于他到底是怎样一个人,擅长什么,能干什么工作,该拿多少钱,则让人云里雾里,难以知晓。

我们从小就接受这样的教育:长大后要奉献社会,实现自己的人生价值。我们实现自己的人生价值了吗?怎样才算实现了自己的人生价值?自己的价值有多大?好多人未必清楚。在经济学家的眼里,人生的价值是有价码的,这个价码可用金钱为媒介的价格来标示。

经济学的方法,为我们如何客观地看待自己、看待他人提供了一种思维方式和方法。经济学是研究人的行为的一门科学,而经济学对人的自身选择的判断与评价更理性、更客观、更具体,是什么就是什么,有多少就是多少,一点也不含糊,不像其他社会科学,比如伦理学,对一个人的评判就很模糊。我们常常说,某某是好人,就是对这个人的道德评判,但这个人好到什么程度,则无法给出清晰的答案。道德还常常以动机来评判人,明明做了坏事,却以"出于好心"为由为其辩护。现实世界是复杂多变的,一个人也常常会迷失自我,找不着北。经济学可以让人正确认识自己、认识世界,帮助人进行理性选择和决策,少走弯路,少受损失。

经济学是一门选择的学问,选择是为了正确地决策,决策的目的是为了更合理地进行资源配置，合理配置资源的目的是为了实现利益的最大化，即以最小的成本获得最大的收益。这个利益不仅包括物质利益，也包括精神利益、感情利益等。而正确的选择来自于对自己和周围世界的正确估价。

经济学主要研究社会如何管理自己的稀缺资源。在大多数社会里，资源不是由一个中央计划者来配置，而是通过千百万人的共同行动来配置的。因此，经济学研究人们如何做出决策：他们工作多少，购买多少，储蓄多少，以及如何把储蓄用于投资。经济学还研究人们如何相互交易。例如，经济学研究一种物品众多的买者与卖者如何共同决定该物品的价格和销售量。最后，经济学分析影响整个经济的力量和趋势，包括平均收入的增长、人口中找不到工作的人口比例，以及价格上升的速度等。

2001年诺贝尔经济学奖获得者、美国经济学家斯蒂格利茨在其《经济学》一书中指出："经济学研究我们社会中的个人、企业、政府和其他组织如何进行选择，以及这些选择如何决定社会资源的使用方式。"每一个社会和个人必须做出选择。欲望有轻重缓急之分，同一资源又可以满足不同的欲望，选择就是用有限的资源去满足什么欲望的决策。

从经济学的角度来说，每一个人都是一份资源（现代已有人力资源的概念），"人贵有自知之明"，就是能正确估价自己这份资源。不能正确估价自己的人，不是把自己看得过高，就是太低，因而不能把自己和社会资源（环境、职业、工作、配偶等）进行合理的配置。现实中有不少男人怀才不遇，不少女人红颜薄命，大都是不能正确估价自己造成的，最终，男人耽误了事业，女人耽误了终身。

经济学的无穷魅力

经济学是一门理性而中性的学问。它既有模型又有理论，但不像文学，争鸣过程中的不确定性总让人一头雾水。

经济学的魅力在于可以解释大多数的社会现象，生活中的很多问题都能从经济学那里得到解答。经济学有一些最基本的术语，如成本、收益、利益、资源，等等。我们可以用机会成本来解释人生的选择，用沉没成本来形容不能挽回的过去；用投入和产出来衡量我们的收益，用资源禀赋来对自己进行客观评价；很多曾经美好的东西，随着岁月流逝而不再，那是因为边际效应递减。

很多问题的根源在于利益，利益的基础在于资源。我对你有权力，在于我具备你想要得到的资源。所以我们想要提升自己的魅力，首先要创造别人所需要的东西。经济学领域中的前辈们已经讨论得很多，感情就是如此——想要一个人对你好，不在于你对他有多好，而是你有能够吸引、抓住他的地方，有别人所不具备的优点和魅力。

资源这种东西，我们一定要恰到好处地利用它。如果你放着资源不用，那必然是一种浪费；如果你滥用资源，也许有一天会耗竭；如果你无私地奉献自己的资源，那么就会沦为"公共资源"，无人珍惜。

我们时刻要记住：世界上没有免费的午餐，这是一个基本的游戏规则。我们都是社会人，在这个社会中与身边的人结成了各种各样的社会关系或契约关系，包括同事、上下级、朋友、夫妻。我们在这个社会求生存、求发展，必然要付出相应的代价，这个代价既包括自己的艰辛努力，也包括自己的感情和灵魂。那么父母对子女的爱呢？从心理层次上（撇除感情因素）探讨，父母对子女的爱是出于自己发自内心的需求，是他们与生俱来的心理需要。子女对父母的爱永远赶不上父母对子女的爱。同样，当子女长大成人以后，他们又会有自己的子女。同样，慈善家对穷人的捐赠，表面上是无偿的捐献，但实际上他们通过捐赠得到了心理上的满足，所以这个"免费"不仅仅包括物质，还应该包括精神。

另外，卡尼尔的"幸福经济学"把经济学和心理学结合起来，试图破译财富与幸福的密码。人们对于"幸福"和"不幸"的感知能力是不同的，如果把幸福量化，幸福为正值，不幸作为负值，在绝对值相等的情况下，所带给人的感受却不是相反的等值关系。

记得《红楼梦》里扮演惜春的演员说过一个故事：她的女儿曾经对《红楼梦》一无所知也毫无兴趣，近来却开始频频和妈妈探讨《红楼梦》里的情节和人物个性了，那是为什么呢？孩子眼中艰深晦涩的"古董"《红楼梦》怎么会突然引发她的兴趣了呢？那是电视红楼选秀的功效，那是古典名著通俗化、大众化的功效。恰如美丽高贵的公主下嫁到民间，和老百姓打成一片。

再举几个大家都知道的图书行业的例子，易中天《品三国》为什么那么红？于丹《论语》为什么长期走俏？完全草根的当年明月《明朝的那些事儿》为什么受到大众喜爱？因为他们不仅够档次、够文雅，更是够通俗、够风趣、够平民化。

通俗和平民化不是浅薄的表现，恰恰相反，高深到极致的东西反而更加朴实，印度最具成就的灵性大师克里希那穆提曾说过：真理往往是最朴实无华的。表面的艰深晦涩也许是扮演学问高人的人为自己套上的一件虚假外衣。

因此，学习经济学便于提高自己对幸福的感受能力——幸福是这一端，不幸是那一端，经济学知识可以帮你用自己的感受刷亮灰色的区域。

经济学的出世，是以世俗的科研精神——尽管有些不彻底不充分——反对神学，是以观察和分析现实社会的经济基础反对所谓的"信仰"和"文化"。经济学的魅力正在于它首先是一门科学，而且应该越来越科学。

不可否认，经济学要展现这一魅力异常艰难曲折，因为它要触到人们最直接的利益。这就使一些人想把它弄成"文化"以远离实际，也使一些人在经济学中玩弄非科学、非理性以期搅乱人们的思维。但也必然会有人在科学的艰难道路上奋斗前进，以科学真理造福人类。

现实中，人们终究感受到了这一魅力，这就是：社会主义市场经济。作为一门完整的科学，经济学还有待继续努力来建立，但其真正价值，不仅已被有科学精神的学者所认识，更已被广大人民深切体验。这里面所表现出的实事求是、尊重科学、追求共同富裕的精神才真正贯通了传统文化中的优秀成分和自五四以来的新文化，也融合了西学中的优秀文化，包括吸纳了经济自由主义中的合理成分。这种精神才是经济学的魅力源泉。

第二章 经济学的思考方式

你身边的外部性

一个人的行为对旁观者福利的影响称为外部性。如果对旁观者的影响是有利的,就称为"正外部性"(也称外部经济);如果对旁观者的影响是不利的,就称为"负外部性"(也称外部不经济)。

教育经常被认为是具有正外部性的典型例子。虽然教育的受益人是被教育的个人,他付费并享受受教育的权利,但社会作为一个整体也因为其有教养的公民而受益,如社会生产率和政治参与率的提高。外部性的概念使政府有充足的理由生产、资助或补贴教育。

污染是负外部性的典型例子。假如个人或公司将当地的空气或水作为排放废气废物的场所,他将给下游或下风向的公司或个人施加成本,包括疾病的发生、生产率下降乃至丧生。如果政府不进行干预,商品的购买者没有负担全部的成本,将导致过度生产的低效率。

汽车废气有负外部性,因为它产生了其他人不得不吸入的烟雾。政府努力通过规定汽车的排放废气标准来解决这个问题,政府还对汽油征税,以减少人们开车的次数。

狂吠的狗引起负外部性,因为邻居受到噪音干扰,狗的主人并不承担噪音的全部成本,因此很少谨慎地防止自己的狗狂吠。地方政府通过规定"干扰平静"为非法行为来解决这个问题。

外部性通常是政府采取干预行为的正当理由:即鼓励正外部性的生产,禁止或遏止负外部性的生产。当外部性存在时,将会影响买卖双方的决策。如果一个商品或一项服务的成本没有完全包含在价格中时,它将被过度生产;同样的,商品的价格不能完全反映它给社会带来的全部收益时,它的生产将不足。经济学家认为,这两种情况将扭曲资源的有效配置,从而产生低效率。

著名的科斯定理认为,当外部性存在时,如果牵涉的双方能以零成本进行谈判,则资源的扭曲配置就不会发生。在某些情况下,如大片地区被污染,组织谈判的交易成本非常高,政府的干预就是合适的。政府干预的成本很高,却未必会比自由的市场经济更好地解决问题。经济学家哈丁曾提出警告,如果个人不把他们的行为对他人的损害考虑在内,将会带来潜在的灾难。人们越来越意识到这种行为在国内乃至国际上的影响:酸雨、臭氧层破坏、砍伐森林、河流盐度增高和其他环境效应将产生长期的影响,而人们才刚刚开始意识到这种影响并试图解决它。如何解决外部性的问题还没有完美的答案。考虑如何解决外部性问题时要兼顾效率与公平,既分析政府干预的收益——成本,又要考虑谁收益谁受损的价值判断问题。

需求大都是好事吗

的确,只要市场上有一种需求,而这种需求又能够给商家带来利润,就一定会有这种供给,即使这种需求未必文明,这种供给未必合法。比如由对毒品的需求导致的对毒品的供给就是较极端的例子。即便社会采用各种严厉的惩罚措施，但因为满足对毒品需求的供给可以导致暴利，毒品供给者就是冒着上绞刑架的危险也要生产并贩卖毒品。惩罚至多只是抬高了毒品的生产与销售成本，但生产者与贩卖者转而又将这种风险成本以提高价格的方式转嫁给毒品消费者。这就是需求的力量！

某种程度上，这种欲望就是人类的贪婪。人的欲望是产生各种需求的源泉，而欲望又具有无限性的特点，即人们的欲望永远没有完全得到满足的时候，一个欲望满足了，又会产生新的欲望。"人心不足蛇吞象"这句中国俗语就揭示了这个道理。中国传统道德观把人的欲望看成罪恶之源，主张"存天理，灭人欲"。其实，正是人类欲望的无限性推动了社会不断进步。但是人的欲望要用各种物质产品或劳务来满足，物质产品或劳务要用各种资源来生产。但谁都知道，自然赋予人们的资源是有限的，一个社会无论有多少资源，总是一个有限的量，相对人们的欲望，资源量总是不足的，物质产品或劳务也总是不足的。人类欲望的无限性造成了资源的稀缺性。

经济物品的稀缺性并不意味着它是稀少的，而是指它不可以免费得到。因此，通常所说的稀缺性是相对稀缺，即相对于人们的无限欲望，某些资源与物品总是有限的，也即这些资源与物品是稀缺的。要得到这样一种物品，必须自己生产或用其他物品来加以交换。

稀缺性是人类面临的永恒问题，它与人类社会共存亡。当穷国政府为把有限的财政收入用于基础设施建设还是用于教育方面而争论不休时，富国政府也为把收入用于国防还是用于社会福利发愁；当穷人为一日三餐担心时，富人正在考虑是打桥牌还是打高尔夫球。

稀缺性的概念在整个经济学理论中起着至关重要的作用，一些经济学家认为稀缺性是经济学存在的前提条件，所以往往用稀缺性来定义经济学。由于稀缺性的存在，决定了人们在使用经济物品中不断做出选择，如决定利用有限的资源去生产什么、如何生产、为谁生产，以及在稀缺的消费品中如何进行取舍及如何用来满足人们的各种需求，而这些问题被认为是经济学所研究的主题。只有当物品稀缺时，才能被认为是社会财富的一部分。

从人类可利用能源的角度看，似乎还没有什么限制。但从另外的角度看，人类为此付出的代价却已经够大的了。

鲸鱼油的使用以及后来的匮乏，没有难倒人类，却使鲸鱼几近遭遇灭顶之灾；煤的使用以及匮乏，没有难倒人类，却把一个好端端的地球挖得百孔千疮，地质构造的变形引发了无穷的地质灾害；石油的利用与最终可能的匮乏，也许还难不倒人类，但其后果除了地质灾害外，人类将更贪婪地扑向下一种可能出现的替代品……

同时，我们还必须注意到，所谓没有极限的增长，目前只发生于这个世界上的少数中心国家。而支撑这些国家没有极限的增长的假象的，却是大量的外围国家日益面临实质性枯竭的资源。

森林是另外一个例子。1990年到2000年，世界森林的面积平均每年减少940万公顷。

有人算了这样一笔账：占世界人口1/20的美国，耗费着世界1/3的资源。即使将全世界可能开发的资源都利用起来，并且重新分配资源，全世界的人也不能按照美国人的方式生活。

看来，需求的力量是一种伟大的力量，不断创造着供给；但也是一种毁灭性的力量，使人类在表面进步的同时，正面临着因资源的最终匮乏导致的大崩溃。

什么是恩格尔系数

恩格尔系数用来表示居民家庭食物的支出在总支出中所占的比例。它是以19世纪德国统计学家恩斯特·恩格尔的名字命名的。其计算公式是：

恩格尔系数＝食物支出的总额/总支出的金额，恩格尔系数是根据恩格尔定律得出的。恩格尔定律是恩格尔根据统计资料，对消费结构的变化提出的一种观点。其内容如下：一个家庭的食物支出在总支出中的比例是与该家庭的总收入变化成反比的。即一个家庭的收入越少，家庭收入中或家庭支出中用来购买食物的支出所占的比例就越大；而随着家庭收入的增加，家庭收入中或家庭支出中用来购买食物的支出将会下降。恩格尔定律已被许多事实所证实。

"吃了吗？"这是中国人见面后再熟悉不过的口头用语。那用意几乎相当于国际流行的"你好吗"。渐渐地，"吃了吗"这个口头语我们听得越来越少了，因为吃对于中国人越来越不像过去那样重要了。换句话说，"吃"在中国人生活中所占的比重越来越小了。此现象在经济学上就叫作"恩格尔系数降低"。

就吃而言，城镇居民吃好、吃精、注重营养、追求方便的倾向更加明显。除了吃之外，居民生活质量的提高还表现在居住条件、交通通信条件的改善，以及耐用消费品、用于陶冶情操增进身心健康的文化艺术、健身保健、医疗卫生、子女非义务教育和自身再教育的支出大幅度提高。

恩格尔系数对于经济研究有重要价值。（1）用来判定家庭的富裕程度。联合国粮农组织提出了一个划分贫困与富裕的标准，即恩格尔系数在59%以上为绝对贫困，50%～59%为勉强度日，40%～50%为小康水平，30%～40%为富裕，30%以下为最富裕。（2）分析不同消费者的消费情况。高收入阶层花在奢侈品和劳务上的金额，相对或绝对地要比低收入阶层多。（3）判定一个国家的经济发展水平和人民生活的富裕程度。在经济增长的条件下，衣着和住宅等其他基本生活必需品的支出，在不断增长的家庭收入中所占的比重是递减的。高收入家庭花在奢侈品和劳务上的费用，则随着收入的增长而不断地增加。在较富裕的国家，消费者支出的相当大一部分，是用在那些对物质福利并非必需的物品和劳务上，也就是说，消费者有一定的可自由支配收入，存在着随意消费的倾向。

"天价"的背后

近些年的中秋节，市场上最活跃的商品恐怕是形态各异的月饼了。有些月饼甚至标出"天价"，有的月饼还镶上了钻石，如此高价的月饼依然深受消费者欢迎，其实有很多这样类似的事情：一个尾数7位都是"8"的手机号的价格高达22万元，一个尾数4位是"8"的车牌号价格为30万元……

这些天价商品的价值在哪儿呢？据调查，买家几乎全部是生意人，他们购买天价商品不仅仅是因为便于记忆和对吉祥数字的崇拜，更重要的是用来"撑门面"，当然也可当作礼物送人。

正因为天价商品有市场价值，所以也成了收藏爱好者的收藏对象。

有一个收藏爱好者从事吉祥号码收藏已两三年，一共收藏了20多个吉祥号。其中多数号码都是花钱买来的，像尾数为7个"8"的号码，2年前的收购价就超过10万元。此外，尾数为5个"8"和"6"的号码，手头还有好几个。

吉祥号码又称为个性号码，其数字往往由于谐音或迎合人们的传统观念而受到人们的青睐。就像图腾崇拜一样，不同的部落和民族，往往有各自不同的崇拜对象。不同地方的人由于有不同的观念和生活习惯，即使是对同一个号码，也会产生不同的吉祥观念。

比如说，我国许多地方都有人认为"8"字能给自己带来好运，主要是因为"8"与"发"谐音，常让人联想到"发财"。何人不希望发财呢？于是"8"就受到人们的喜爱。还有"168"作"一路发"解释，"888"是"发发发"的意思，"666"意为"六六大顺"，等等。

正是出于对吉祥号码的崇拜，我国普遍存在着吉祥号码拍卖的现象。吉祥日子、吉祥时辰早已成为人们迎新嫁娶、开张庆典、签约剪彩等活动的首选日子。许多地方也曾经在这些所谓的吉祥日子里出现了交通异常拥挤、喜庆气氛浓厚等现象。相反，一些数字则被人们所厌弃。比如带有4的手机号码，往往可以免费赠送，有些楼盘甚至不设13、14层，迎合了一些业主的喜好。

这些天价月饼、天价号码的价格远远高出了它们本身的价值，这正常吗？

从经济学的角度来说，是吉祥号码数字的需求和供给共同决定了它的高价位，这种供给和需求都是"物以稀为贵"的市场规律的正常表现。

资源的稀缺性，有些是天生的，如金子、钻石；有些是衍生的，如中国的土地，一百年前就是如此大，因为人口越来越多，使今天的土地越来越稀缺。

聪明人有意消灭多余，牟取暴利。如果世间只剩两张清朝大龙邮票，各值10万，善贾者必然撕毁一张，另一张不是两枚之和的20万，而可能是30万、40万，因为它的唯一性。唯一比稀缺更稀缺，无竞争比价。

虽然吉祥号码的拍卖也许给社会带来一定的负面影响，但是，从经济学的角度来看，它的出现是完全符合经济规律的。

长相与收入有关吗

你听说过靓女先嫁吗？如果你有过找工作的经历，相信你一定不陌生，你的同学里面、竞争对手里面，通常是长相英俊、漂亮的更容易受到青睐。

美国联邦政府的一项研究报告指出，人生际遇和长相密切相关，俊男靓女比普通人更有机会获得高收入。美国一项最新调查表明，长相漂亮不仅收入高，升迁的机会也大，长相丑的人待遇比一般人低9%，长相漂亮的人待遇比一般人高5%。此外，身材也会影响收入，胖女人比一般人的收入平均低17%，身材高者，每高1寸，收入平均增加2%～6%。

无独有偶。美国经济学家曼昆在《经济学原理》一书中提到了"漂亮的收益"，他根据其他经济学家的研究得出长相导致收入差别的结论。

无论是理论和现实都说明了收入和长相有关系。我们该如何看待这个现象？

　　漂亮能产生更多的收益。在市场经济中，商品的价格都取决于供求关系，漂亮的需求来自企业，这种需求的大小决定了漂亮的收入有多少，而需求大小又取决于漂亮给企业带来的效益。简言之，漂亮能得到多少收入取决于它给雇主企业带来的效益。应该说，漂亮的确能给企业带来高效益。有些高效益的行业，如演艺界、电视主持、模特，只有漂亮的人才能从事。脸蛋和身材在这些行业中是至关重要的。在其他行业中，漂亮对成功也相当重要，例如，服务员漂亮的饭店来的客人更多，漂亮的老师更受学生欢迎，病人对漂亮医护人员的服务更满意，漂亮的记者更容易得到更多新闻，连领导开记者招待会，漂亮记者得到提问的机会也更多。在社会上，漂亮是一张成功的通行证。爱美之心人皆有之，人们也就更愿意为漂亮付费，这种付费就成为企业的效益。企业对漂亮的需求大于漂亮人的提供，供小于求，俊男靓女收入高就正常了。

　　长相好是先天优势的一个方面。而且，漂亮还会影响人的成功机会。漂亮的人让人喜爱，成功机会就更多。这就是调查报告中所说的，提升的机会多。

　　但是，长相普通的人也没有必要抱怨父母没有给自己一个好脸蛋和好身材，因而自暴自弃。因为决定一个人成功与否的绝不仅仅是长相。那些成功人士，如政治家、科学家并不见得多么英俊、多么漂亮。

　　最重要的是，漂亮往往是主观感受，每个人的审美标准并不完全相同。赵本山的"猪腰子脸"并不影响老百姓对他的喜爱。

　　什么是真正的漂亮，仅仅是长相好就能称为漂亮吗？一般来说，漂亮是内在美和外在美的综合。一个外貌美的人如果缺少气质、内在修养,举止粗俗,也很难成为得到高收入的人。相反,一个外貌普通的人若很有修养、很有内涵,人见人爱,人缘很好,取得高收入也不是奇怪的事。

另外,一个长相普通,甚至有点丑的人,可以通过提高内在美来提高自己的整体形象指数。更为重要的是,外在的美是暂时性的,是青春饭,内在的美才是永久的、散发永恒魅力的。

名牌背后的秘密

很多人都有这样一种想法:要搬新家了,通常会换一套新的家具家电。拿电视机来说,到了商场一看,同样尺寸的不同厂家的液晶彩电,价格相差很大,但很多人买的并不是价格便宜的,而是价格高的名牌产品。这个现象让人很困惑,据行家说,国内家电特别是电视机产品质量相差不大,用的都是进口显像管。

那为什么人们选择价格高的名牌产品呢?因为名牌产品给人信赖感。如果其他产品的质量不如名牌产品,这种选择无可厚非,但在产品质量相同的情况下,这种选择显然是不公平的。

人们对电视产品的质量的认识,并不是通过实践得来的。电视不像日常低质易耗品那样经常更换,购买一台电视通常要用上几年甚至十几年,因此人们无法积累感性经验。居民的购买行为大多受媒体上公布的评比和调查结果影响,如哪种电视销量最大、哪种电视评比第一、哪种电视寿命最长等。

这种现象在不同的场合、不同的领域都可以见到。清华大学的一般毕业生和其他一般高校的拔尖学生比,其专业水平不一定高,但在人才市场上,用人单位大多选择前者。这种并非由产品质量而是由其他因素引起的排斥现象，称为经济领域的歧视。

在人才市场上，由于各校的评分标准不同，用人单位很难根据各校提供的学习成绩单对学生进行评估和比较，只能根据社会对学校的认识和统计结果来选择学生。大量统计资料表明，清华大学毕业生平均生产率比其他一般高校毕业生高，因此用人单位必然选择清华的毕业生。

当歧视扭曲了某些团体的工作努力和人力资本投资激励的时候，它就特别地有害于经济。歧视的损害效果首先表现在商品和劳务的供给者，他们花费同样的成本，生产出同样质量的产品，却无法按同样的价格卖出去，甚至根本卖不出去。

那么歧视对购买者是否有利呢？得出的结论应该是否定的，因为购买者购买同样质量的产品却要花费更多的钱，最为可悲的是绝大多数购买者没有认识到这一点，反而乐此不疲。

商品的歧视迫使被歧视的企业花费大量的精力和费用去做广告，宣传自己的产品，使企业的成本大为增加。

因此，虽然企业的品牌建立起来了，但它们的成本都追加到了消费者身上，因此那些名牌彩电能卖得更贵。一旦成为名牌，自然就有了名牌的价格，也就有了高昂的利润。

这就是名牌背后的秘密。

第三章　经济理性能力的培养

成功人士的经济学特点

经济学家通过研究发现了以下一些成功者的共同特点：

1. 积极思考，理性行动

毫无例外，成功人士总是向着积极方向思考，他们思考成功，而不是失败。无论情况多么困难，他们总是保持积极向上，保持理性，因此他们始终能克服障碍和问题。他们的态度决定了他们的命运。

帕特·瑞雷在20世纪80年代带领洛杉矶湖人队4次夺得NBA总冠军。他说他永远不会忘记他父亲教给他的道理："你遇到的事情不是最重要的，重要的是你如何对待它。"成功人士不会让消极的人或者环境打垮自己。

对于他们要追寻的目标，他们会果断地做出决定，然后制订具体的计划达到他们的目标。拳王穆罕默德·阿里13岁的时候体重只有115磅，但是当时他就立志成为世界重量级拳击冠军。

理性行动是实现目标的保证，我们发现卓越的领导者和成功人士都是崇尚实干的，他们总是在行动。当今世界零售业巨头沃尔玛公司的创始人山姆·沃尔顿到美国加州圣迭戈拜访索尔·普赖斯时，看到了后者创办的头一家会员制仓储折扣商场。在当晚回到阿肯色之后，沃尔顿就命令建筑师连夜设计出了新的仓储超市山姆会员店。做决定要当机立断，行动也要雷厉风行。

成功者把取得成功的过程看作一场马拉松，而不是百米速跑。他们不会灰心丧气，他们永不言败。

甲壳虫乐队在成功之前遭到过英国所有唱片公司的拒绝。迈克尔·乔丹曾经被高中篮球队淘汰。爱因斯坦的数学成绩曾经不及格。约翰·伍顿在加利福尼亚大学洛杉矶分校篮球队执教13年之后才取得第一个全国冠军。托马斯·爱迪生曾经说过："人生中的很多失败是因为人们没有意识到，他们在放弃的时候离成功只有一步之遥。"

2. 成功人士从不吝啬对自己的人力投资

成功人士总是不停地学习，阅读书籍，勤于学习技能和寻找良师益友。

有一个有趣的现象，通过研究成功人士在幼年时候做的两件特殊事件，就可以预测他们以后是否能取得成功。他们从小学三年级到高中都做过许多工作和承担过各种责任，他们在年轻的时候都是如饥似渴的读者。传奇篮球教练约翰·伍顿曾带领加利福尼亚大学洛杉矶分校篮球队夺取过10次全美大学篮球联赛的冠军，他曾经说过："只有知道事物的价值所在之后你才会去学习。"

3. 注重成本

这是成功人士的另一个特点，成功人士会节约金钱和集中利用时间，他们很明白效益与成本的重要。成功人士不会让其他人或事干扰自己的目标。正如亨利·福特曾经说过的，一个人对自己的目标应该日思夜想。

为此，许多成功的人发现了不同的或者更好的方法来做事情，而这些方法在运用当中通常会受到批评。西方联合公司的总裁曾经面临着一个让西联脱胎换骨的机会——购买亚历山大·格雷厄姆·贝尔的新发明"电话"的部分权益，但这位先生用这样的话回绝了："我们用这个有趣的玩具能干什么？"山姆·沃尔顿则鼓励其他人"逆流而上，不拘常理，另辟蹊径。如果每个人都按照同一个方法做事，你反其道而行之就很有可能发现生财之道"。

成功人士因为注重成本，所以讲求效率。他们像教练、励志指导人员以及启迪者，可对其他人产生激励作用。戴尔·卡耐基曾就这个问题撰写了一本经典著作《如何赢得朋友和影响他人》(*How to Win Friends and Influence People*)。

值得一提的是，这些成功人士都是诚实、可靠和负责的人。他们为周围的人树立了榜样，并且不会对原则妥协。

任何人都可以经过努力成为某一领域内的翘楚。就像那些理性人才一样，如果你学习和实践这些了不起的人物身上的理性优点，你也能取得更强的理性能力。

适度的非理性有时是一种理性

从经济人的行为来说，我们的每个行为都是一种积累。这种积累是多方面的：知识的积累；人际关系的积累；信用资源的积累……为了分析人们过去的积累和非理性在何种意义上是一种资源，我们来分析一下信用资源意味着什么。

我们从朋友那里借钱（这个时代最难借的就是钱），说好归还日期，我们如期归还，至少在这个朋友那里建立了信守承诺的信用。当你答应某个人帮他一个忙，你如期为他将事情办成了。在他看来，你是守信用的……

信用是一种资源，意指信用可以当作资源来使用。如果我们需要一笔钱来从事某种投资服务，我们会去找银行。银行里有钱，但银行不会随便把钱借给你。银行需要抵押，抵押是银行抵御借贷风险的有效方法。如果我们的投资亏本了，贷款还不上，若没有抵押，银行将受损失；而如果有抵押，银行会将抵押变成它的财产。

如果你没有抵押，银行不会借钱给你。然而，由于你有良好的信用资源即信誉，你的朋友、同事或者亲戚会借钱给你，尽管人们常说，千万别借钱给他人——既损失金钱，又失去了朋友。因为，他们知道你急需钱，你会还钱给他们。他们相信你，因为他们从你过去的行为中归纳出"你是一个守信用的人"，尽管你过去守信用不代表你将来也必定守信用。你平时积累的信誉等同于一笔可以抵押的资产，即信誉是你的资源。

信誉可以成为一种可资利用的资源，你的非理性行为同样可以成为一种可以利用的资源。

人们进行博弈思维的基础是人具有的理性。然而，在某些情况下，理性思维不能使自己的利益最大，甚至阻碍利益的获得，而非理性思维反而能够获得极大的利益。

一个典型的例子是"最后通牒"博弈：两人分一份总量固定的钱，比如 10 元。规则是：一人提出方案，另外一人表决；如果表决的人同意，那么就按提出的方案来分，如果不同意，两人将一无所得。比如 A 提方案，B 表决。A 提的方案是 7:3，即 A 得 7 元，B 得 3 元。如果 B 接受这个方案，则 A 得 7 元，B 得 3 元，如果 B 不同意，则两人将什么都得不到。

A 提方案时，他要猜测 B 的反应。A 会这样想：根据"理性人"的假定，A 无论提出什么方案，B 都会接受，除了将所有 10 元留给自己而一点不留给 B 这样极端的情况。因为 B 接受了还有所得，而不接受将一无所获——当然此时 A 也将一无所获。此时理性的 A 的方案可以是：留给 B 一点点比如 1 分钱，而将 9.99 元归为己有，即方案是：9.99∶0.01。B 接受了还会有 0.01 元，而不接受将什么也没有。

如果你是 B，对方考虑到你是理性人，他可能只在桌上留下 1 分钱，他考虑到你会接受这个分配。此时你只有接受这 1 分钱的分配。

但如果你是非理性的，分配就有所不同。

当对方给出这个分配时，如果你是"非理性的"，你会认为这是"不公平的"，而将不接受这个分配方案。对方知道你的这个"非理性"特点，他担心你会拒绝，为了不让你拒绝，他不会提出只给你 1 分钱的方案。此时，你的所得取决于你的"胃口"，或者取决于你的非理性的程度。

在实际中，人们如何进行人际来往取决于每个人的非理性的程度。在这个博弈中，比的就是"狠"劲。在生活中，流氓之间往往"斗狠"：其实就是看谁更非理性，够狠的人往往做老大。

在实际进行这个游戏时，人们均有一定程度的非理性，并且这也是人们的共识。这也是为什么实际的游戏结果并不会出现 9.99∶0.01 的分配结果。

由此可见，非理性有时会成为人们在博弈中的一个"资源"。这个资源如同人们拥有的其他资源一样，可以利用它来获取好处。俗语"会哭的孩子有奶吃"就是这个道理。在最后通牒博弈中，你的"非理性"资源与否决权一道构成你进行博弈的基础。

无论我们作为什么样的角色，适度地建立自己的"非理性资源"是有利的。但这不是一朝一夕的事情。人们在积累这样的资源的过程中要付出代价。在你与其他人的博弈中，你的非理性使得你的利益受损，当然别人也受损。这样一来，其他人会"记得"你的秉性，或者他们会"归纳"出你的秉性，其他人与你再次打交道时，便不敢"小视"你，会正视你的非理性特点。

　　适度的非理性能够带来好处，这一点最能体现在谈判过程之中。谈判是多方之间进行的一场博弈，其中经常发生的是两方之间进行的谈判。谈判是一个合作性的博弈，双方（我们这里分析的只是两方进行的谈判过程）合作比不合作能够获得更大的好处，但如何分配这个合作带来的好处？这是一个讨价还价的过程，在这个博弈过程中，如果双方均是不可缺少的，即任何一方均不能够抛弃另外一方而另寻其他合作伙伴时，这个谈判结果取决于双方的"非理性"的程度，当然，这个非理性的程度要成为双方的"公共知识"。

光有理性也不行

　　对于人而言，钱并不总是最重要的，人的利益并不总是表现为钱，人的利益是多元化的，心理的满足、精神上的快乐也是人的利益所在，人的行为也不总是那么合乎逻辑的，也不总是那么具有明确目的性的。这就是人，一种时而会变得白痴可笑，时而又智慧无比的动物！

　　人类从全身毛茸茸的猿猴进化到高度智慧的现代人，经历数百万年的时光，在这如此漫长的进化过程中，人类依靠什么来战胜群兽和恶劣的自然环境呢？那就是强烈求生的本能。

　　正因为人具有与生俱来的求生本能，人和所有动物一样总是要保护自己，寻求着对自己有利的事物而规避对自己不利的事物，这是所有物种的本能。但人有发达的大脑，依靠这一强大的智力武器，人保护自己的能力得到了质的飞跃，最终战胜了群兽和恶劣自然环境而顽强地生存至今，并主宰了这个世界。

所以人的"理性"首先便是"人的自利性"，乍看之下，总感觉不怎么舒服，"自私自利"历来都是贬义词，用来讽刺批评那些一心为己、绝不为人的甘于堕落的腐败分子。但不得不承认的是，人脱离不了动物的本性，趋利避害是每个人的本能，这是由人类数百万年进化下来的"物竞天择"的基因决定的。但人的自利又不是单纯的食物、衣物等物质上的自利，随着人类生产力的发展、物质财富的积累，精神思想上的自利变得更为显著。

你可能会去为遭受印度洋海啸袭击的灾区捐款，你可能会去帮助一个失学儿童，你甚至可能倾家荡产去从事环保事业，那你是不是就不自利了呢？

其实，你还是自利的，你之所以甘愿放弃一些甚至全部的物质财富而去从事其他毫无物质收益的事情，仅仅就是因为你在从事这些所谓的"利他、善事"活动中使自己内心得到了满足，得到了快乐，得到了愉悦，而你正是自利地要去满足你自己的这些心理的满足、快乐、愉悦甚至贪婪，从而甘愿去做那些"利他、善事"的事情，所以你还是自利的。这就是人的自利本性，尽管这是一个残酷得让人难以接受甚至令人发指的事实，但我们只能说，事实上我们只是在保护自己这个动物不被别的动物吃掉而已。

除了"自利性"这个让人难以接受的事实以外，"理性"还有一个特性就是"追求最大化的利益"。古训"害人之心不可有，防人之心不可无"，生活在利益丛林里，还是小心行事为好。

"理性"简单地说就是所有正常的人都是如此想的，即"自利"和"追求最大利益"。人在自私的同时，不必太担心人的自私自利会肆无忌惮。因为决定人真正的行为除了"理性"以外，还有一个称为"心智"的东西。

"心智"，也许你可以理解成道德，正是在它的制衡下，人们有了"选择"的思维方式，来约束人们非常个人化的主观意识，使用这种"选择"的思考方法来帮助人们更好地、最大化地来满足自己的主观"价值"的目标。

陀思妥耶夫斯基在《死屋手记》里描述过这样一个人，他说：为什么我要理性地活着？为什么我要往理性的道路去谋生，一天到晚地为金钱努力？为什么我不反其道而行之呢？我就要像飞蛾那样，就为了那一次光辉的体验，我要扑到火上，然后烧死自己。这样生活又怎么了？错了吗？反正我们早晚都会被遗忘，早晚都要遗忘，包括死亡。

当然还有其他很多无意识状态，比如梦等，绝大多数情况是理性与非理性的制衡，所以人才能生存延续。求生是人和所有动物的本能，所以那只是些非理性的极端特例而已，我们不必为此愁眉苦脸，你完全可以让心智、让感性自由飞翔，让心底阳光起来。

要相信自己的思考

巴菲特在股市上一帆风顺，几乎每买一只股票，都能赚取丰厚的利润。其成功的理念之一，就是"绝不盲目从众"。他告诫所有的投资者要相信自己的选择，坚持走自己的路，不要人云亦云。他说：跟着别人，就走不出自己的路来。

巴菲特发现，绝大多数的投资者都有盲目从众的心态。他把这些人的行为比喻成自然界的旅鼠迁徙。

旅鼠喜欢群居，但每隔三四年，它们都会有一次大规模的集体迁徙并跳海自杀的行动。这种迁徙行动往往由一只旅鼠带头，其他的旅鼠以为灾难来临，便跟着逃跑。于是旅鼠们越聚越多，一路惊慌失措，争先恐后，最后它们集体逃向大海，死于非命。

这样的比喻非常深刻。在华尔街，虽然拥有大量受过高等教育且有着丰富经验的专业投资人员，但他们大多数不具备特立独行的作风和处变不惊的心态，因而没有办法在市场上凝聚成一股合乎逻辑和理性的力量。华尔街常常因为他们的"望风而逃"而引起股价的大幅波动。对此，巴菲特评价说："股价的大幅波动，跟机构投资人旅鼠般的盲目行为有着很大的关系。股市的剧烈变动，产生盲目从众效应。"

巴菲特之所以超凡脱俗，是因为他具有一种特殊的能力，能够在关键时刻保持清醒的头脑，权衡突发事件对企业经营的影响程度，因而可以力排众议，做出明智的决定。

其实，不仅投资如此，其他事情亦是如此。任何事情需要的理性都是相通的。

随着信息经济学和博弈论的发展，经济学家注意到：信息的不对称性和预期的不确定性，对人类行为的影响甚大。

他们认为，人类有限的理性、对信号的观测及识别的较差能力都是"羊群效应"产生的根源。"羊群效应"是指市场上存在的那些没有形成自己的预期或没有获得一手信息的投资者，他们根据其他投资者的行为来改变自己的行动。实际上是对个体经济自发性、盲目性以及自然趋势的最真实写照。

在商品经济尚不发达、市场形成的初级阶段，羊群行为是很难避免的。

大多数学者对羊群行为持否定态度，其实，对待羊群行为要辩证地看。由于没有足够的信息或者搜集不到准确的信息，通过模仿他人的行为来选择策略并无大碍，在发展初期，许多企业和行业在模仿策略下都取得了很大进步。

羊群行为产生的主要原因就是信息不完整，由于未来状况的不确定，导致了人们的判断力出了问题，因而才有了从众的盲动性。

正确全面的信息是决策的基础。在这个时代，信息的重要性是不言而喻的，不重视信息收集的企业和个人无异于自取灭亡。

要找到正确的方向，敏锐的判断力也是必不可少的。

很少有人天生就拥有明智和审慎的判断力，实际上，判断力是一种培养出来的思维习惯。因此，每个人都可以通过学习或多或少地掌握这种思维习惯，只要下功夫去认真观察、仔细推理，就可以培养出来。

收集信息并敏锐地加以判断，能使人们减少盲从行为，更多地运用自己的思考，这是锻造理性的最好方法。

第二篇
经济学的基本概念及规律

第一章　选择中的成本与收益

人生之路是一条选择之旅

人的一生，只有一件事不能由自己选择——自己的出身。其他的一切，皆是由自己选择而来。

人生不过是一连串选择的过程，从你早上起来要穿哪一套衣服出门开始，你在选择；中午要去哪里吃饭，你又在选择；女孩子有众多的追求者，在考虑结婚的时候，到底是哪一位男士比较适合自己，要选择；男生找工作时要从多家大企业中选择。以上的选择有大有小，但每日、每月所有的选择累积起来，影响了你人生的结果。

一个选择对了，又一个选择对了，不断地做出正确的选择，到最后便产生了成功的结果。一个选择错了，又一个选择错了，不断地做出错误的选择，到最后便产生了失败的结果。若想有一个成功的人生，我们必须降低错误选择的概率，减少做错误选择的风险。这就必须预先明确你人生中想要的结果是什么，明确你人生想要的结果是什么——这本身又是一个选择。

首先，选择决定生活状态。今天的生活是由3年前我们的选择决定的，而今天我们的选择将决定我们3年后的生活。我们要选择接触最新的信息，了解最新的趋势，从而更好地创造自己的未来。要知道，我们的人生只有3天：昨天、今天、明天。你的今天是你的昨天决定的,你的明天将由你的今天来决定。

昨天的日子,我们过得太正常了。我们和大部分人一样,过着正常的、没有追求的生活。因为太正常了,心态一直是消极的、失败的。大部分人只要有一只饭碗在手里,哪怕是一只破碗、泥碗,哪怕碗里只有一口粥、一口汤,都舍不得也没有勇气把它扔掉。因为我们依赖于在习惯的环境里过日子。人在习惯中死亡,在不习惯中生存!

我们每个人的生活圈子都是个小世界,在我们生活的小圈子里,你总会发现,有些人不管大事小事,总是比较容易获得成功。他们挣更多的钱,过高品质的生活,有健康的身体和良好的人际关系,而更多的人忙忙碌碌,却只能维持生计。他们的差别究竟在哪里呢?

不是智力上的差别,人在智力上是有差别,但是差别很小,智力超常和智力低下的都占极少数,不到3%。不是学历上的差别,学历只是对书本知识的一种认可,与成功没有直接关系。情况往往是,书本知识学得越好的人,越喜欢给别人打工。学校的老师和教授们,不能教给你当老板的方法,不能教你做百万富翁。如果他们能教你做百万富翁,那么他们自己早就是百万富翁、千万富翁了。就像一个打工的人,永远没有资格去教一个百万富翁如何挣钱,因为他没有这种经历和经验。

其次,选择内容决定结果。有选择就有改变。每个人都有自己的缺点和优点、短处和长处,只有经过不断的学习和改变,才能使自己变成一个出色的、专业的人。改变从自身开始,不要试图改变别人,在改变的过程中,我们第一个要战胜的就是我们自己。改掉坏习惯,养成好习惯,这是一个人生至关重要的问题。

在你的人生中,因为没有做出正确的选择,你曾经错失过多少获得成功的机会？如果你可以洞悉未来，你愿意付出什么代价？如果你能够预见未来，你又能否把握机会？有什么股票你应该卖却没有卖？有什么商品你应该买却没有买？有什么机会你应该把握而又错失？你一生中又能遇到多少机会呢？这个时代可能是你最后的机会，你要格外留神。

每10年就会有一些与时代潮流相对应的伟大商机出现。20世纪80年代下海，90年代炒股票，在那个年代把握住机会的，有不少已成为百万富翁。在未来几年中，也一定会出现这样的机会，你一定要留心你的选择！

非多考个证不可吗

当前最流行的是尽可能多地拥有几个证，毕业证、四六级证就不说了，还有什么口语证、听力证、驾驶证……多种从业证书，很多人想把它们作为拥有好工作的条件之一。现在我们从经济学成本与收益的角度分析一下多考证件的选择问题。

曾经流行IT热，从事IT业就代表着高薪一族，所以大家都一窝蜂地去学计算机，但很多人最后发现自己学得很苦、很累，最要命的是自己刚刚学会某一种基础编程语言，突然发现这种语言已经被淘汰了，新的又出来了。你还没把前面用来学习的包括机会成本在内的总成本收回来，你又需要不断地去追加学习培训的成本，如此恶性循环，最终导致的就是你的学习培训总成本被无限地增大，由于总成本的增大，你必然希望要通过获得更高的回报来弥补这一投入的成本。众所周知，成本越高，市场竞争力就越弱，这样导致你在人才市场上的竞争力就会进一步减弱，这样你就会越痛苦，这就是非理性"选择"职业的必然结果。

人若对自我没有足够清醒而坚定的认识，也就是我们所说的对自己的"比较优势"的认识，便不能自主，而要经常受到外界的影响。听到别人的一句赞美，便得意扬扬；别人的一句嘲笑，便勃然大怒。自己的喜怒哀乐，都建立在别人的评价里，完全丧失了自我。这样的人最容易随波逐流、盲目跟风，别人说好的，自己也跟着说好；别人说热门的，自己也就跟着踏进去；别人说流行的，自己也就稀里糊涂地去跟风……

一个都不知道自己整天在为什么而喜怒哀乐的人又何谈"创新"，又何谈"立业"，又何谈持久"幸福"，何谈持久"快乐"呢？如果一个民族、一个国家的人们都是如此乐此不疲地去追逐这所谓的"流行""时尚""热门""热点"的话，那将是一件多么可怕的事情。真正的"流行""时尚""热门""热点"，是靠自己的"比较优势"来创造的，而不是跟在别人后面捡垃圾。

人们之所以会去考这么多证书，原因就是一个，"多张证书，多点机会"，但事实真的是这样吗？

我们已经知道了做任何"选择"都是有机会成本的，你去学习并参加了一项证书考试，必然要放弃相当一部分在你自己最擅长的、最喜欢的领域所投入的时间、精力、金钱等资源。

我们也很容易发现，任何一种学习都是开始的时候收效很大，但学到较高的程度后都会觉得要再获得进步就比较困难了，需要花费比原来更多的时间、精力等资源才能进步一点点。

任何一门证书的学习也是一样，尽管它主要消耗的是时间资源，但这种时间资源的投入越来越高，而收效却是越来越少，如果你不是真的日常工作需要如此大量使用这项技能的话，你的这些投入基本上是没有意义的，除非这是你的兴趣爱好，那另当别论。

你要想在某一学科获得进步,就必须更多地投入时间以及与之配套的金钱、精力等资源,这样势必进一步挤占本来具有"比较优势"的另外一门学科的学习资源。如此恶性循环,最终导致的结果是,你早先投入某项学习里的成本所形成的"比较优势",在逐步缺乏学习资源支持的情况下也在逐步流失,而你原本不具有"比较优势"的"一项证书的考核"却吸收了你极大的学习资源。因为如果你是学英语专业的,与金融学专业的学生相比你在"金融精算师"方面不具有任何"比较优势",所以你要达到和他们一样的专业水平的话,必须要付出更为高昂的投入总成本,成本越高,越不具有市场竞争力。与此同时,由于你在你原本具有"比较优势"的英语方面学习投入的减少,导致你与其他英语专业的同学相比,你的英语的"比较优势"也在丧失,最坏的结果就是,两边的比较优势都在下降。

我们保持我们自己的"比较优势",不能随便地受到周围的浮夸宣传的影响,一会儿去考什么会计资格证书,一会儿去考什么计算机二级,这样只会无谓地浪费自己的时间、精力、金钱,抬高自己包括机会成本在内的总成本,使自己进一步丧失市场竞争力。教育培训的投入要有的放矢,以进一步提高自己的"比较优势"为目的,而不是盲目、随波逐流的。

其实,每个人都有自己最独特的一面,发掘自己这种独特的一面,进而充分发挥出自己的"比较优势",你就可以扭转乾坤,立于不败。没有一个人在所有方面都是杰出的,人总有擅长与不擅长的地方,正所谓术业有专攻,没必要为自己的短处而闷闷不乐甚至自卑,发挥自己的比较优势,让自己展现应有的光芒。

"霍布斯的选择"

也许理想的人生,就是"有机会选择"。

什么是选择?可以看作一个判断和舍弃的过程,在多种可能性中找到最理想的一个,标准是效用(机会收益减掉机会成本)最大。

在做选择的时候你最好知道自己想要什么。收益最大的结果也许并不是最有利的选择——如果它的风险也太大的话,比如在肯定得到 1 万元和只有 1/10 的可能得到 10 万元之间做出选择,你会怎么做?

经济学中有一个名词——"霍布斯的选择",据说这个名词来自中世纪英国一位叫霍布斯的马场老板。无论谁来买马,他都答应,但是每次他只卖最靠近门口的那匹马,不允许挑三拣四。其实,"霍布斯的选择"就是"没有选择"。

在商业竞争不发达的社会,"霍布斯的选择"很常见,随着竞争的发展,这种不可选择现象较之过去大大减少了。可是另外的烦恼又出现了:太多的选择叫人眼花缭乱。当然,这总比没有选择要好多了,可是要从诸多选择中找到最优选择也并非易事。

如果选择只是限于买衣服、吃东西之类的小问题倒也无关紧要,可是小至人生道路的选择、企业经营战略的设定,大至国家大政方针的制定,都要有一个选择最佳策略的问题。

选择不容易,所以才有在两堆稻草之间饿死的毛驴。每个人都希望有选择,而且希望做出正确选择——即使不是最好的,至少也是比较好的,那么有没有一些方法帮助我们呢?

明智的选择,需要清楚正确地计算成本和收益,评估风险,更重要的，是明白自己到底想要什么。

选择的形成共有5个步骤，每个步骤都极其简单：

（1）列出所有可以采取的行动，包括不采用的行动也要列出来，而决策就是从各种可能的行动方案中选出一个来。

（2）尽可能列出每个行动的可预见后果。

（3）尽量评估每种结果可能发生的概率，这一点常被忽略，因此要仔细加以讨论。

（4）试着表达你对每种结果的渴望或恐惧程度。

（5）最后把列出来的所有因素全部放在一起考量，做出合理的决策。

如果根本没办法列出选择方案或可能的结果，那么你一定得先解决这两个问题，毕竟决策的本质就是从众多选择中挑出一个最好的，其目的就是要达到最佳结果；如果你连选择方案都说不出来，更别想做出任何决策了。人生就是一个不断选择的过程，而做选择，首先你要明确目标（知道你要做什么）；然后是计算成本和收益（值得不值得做）；最后才是策略选择。

最好的选择来自理性的比较

在这个世界上，每个人都在追求自己的幸福。但如果问什么是幸福，不同的人有不同的看法。

有人可能会说，幸福就是跟自己相爱的人在一起；有的人会说，幸福就是能周游世界；还有的人会说，幸福是天天睡懒觉；一个乞丐会说，幸福就是能吃到山珍海味；一个赌徒会说，幸福是整天都打麻将；一个游戏迷会说，幸福是能自由自在地玩电子游戏……

但这些回答正确吗？

如果我们有机会到幼儿园去问小朋友："什么东西最好吃？"很多小朋友会回答："巧克力最好吃。"如果我们拿来很多巧克力，让小朋友们吃个够，再接着问："什么东西最好吃？"这时候小朋友们肯定不会说是巧克力，回答可能是水、瓜子或者其他东西。可见"什么最好吃"这个问题并没有一个简单的答案，因为对每个人来说，最好吃的东西是不断变化的。

我们再问相类似的问题：什么最好听……什么最好看……什么最好玩？这些问题都没有一个固定的答案。鲁迅在他的小说《社戏》中，描写过他和小伙伴们一起看社戏的故事。在舞台上，演员们不停地翻跟头，刚开始时小朋友们都觉得很精彩，但是看的时间一长，大家就觉得没有意思了。

可见，因为边际收益递减规律的存在，对于每个人来说，不管做什么事情，时间一长都难以为继。再好吃的东西，吃多了也会腻味；再好玩的游戏，玩久了也会厌烦；哪怕是休息，保持某种姿势时间太长也会觉得不舒服。所以一个人要使自己的生活得到最大满足，就要在不同的活动中进行变换。他不但要睡觉、吃饭，还要看电视、听音乐、旅游，等等。总之，一个人活在世界上，为了满足自己的欲望，实现自己的幸福，就要对自己的时间进行分配，要在不同的活动中进行选择。所以最好的选择来自理性的比较。

如果你运用"排除法"，还是无法做最后的决定，比如选到最后，选来选去，排除A也不是，排除B也不是，令人难以选择。这时候，你可以运用"比较法"。

方法很简单，你只要拿出一张纸，把两个要选择的选项分别写在两边,然后各自在这两个选择的底下,列出它们的优缺点。等你列好之后,你该选择哪一项,通常便可以一目了然了。

正所谓不怕不识货,就怕货比货,将你的备选答案进行客观的比较之后,正确的选择就如拨云见日般出现在你的眼前。

国内某著名大学的一个女生跳楼自杀,据称其在自杀之前,也曾用比较法为自己的"活着"还是"死去"做了一番选择。她生前在网上写帖子说:我在"死去"的下面写了许多好处,而在"活着"的下面却一片空白。于是,她选择了纵身跃出窗台。

众多天之骄子的自杀,引起了许多人对当今教育的一片唏嘘与反思。这些天之骄子在人生生死抉择的十字路口,用生与死各自的好处进行了比较再做决断,可谓有一定的理性,此为"得"。但其"失"之处在于比较的不客观:死真的能一了百了吗?活着真的没有欢乐与希望吗?事实上,死去元知万事空,活着则一切皆有可能。

造成上面这位女生的悲剧的根源,不在于其运用了"比较法",而在于其运用"比较法"时未能做出客观公正的评判与比较,结果也就谬以千里。因此,人们在运用"比较法"做选择时,一定要尽量做到客观公正地评价与比较备选答案,不要预设立场,钻入错误选择的死胡同。

收益就是你的标尺

人们在做决定之前,心里一定有一个标尺——也就是所谓的成本和收益,这个标尺用来丈量、比较和判断哪一个选择更符合自己的实际。然而,这种标尺有很多种,因此才造成了选择时的困惑。

比方说你约朋友去外面吃饭，你选择去川菜馆，因为你考虑到朋友是四川人——这时，你心里的标尺是"利他"；反过来，若你选择的标尺是"利己"——假设你是广州人，则你一定会毫不犹豫地选择粤菜馆。同时，你还会面临高档与低档、坐公交车去还是打的去等一系列的选择。面对这些选择，你若不拿出一个统一的标尺，则很难做出一个决定。

到了川菜馆，朋友点了几份素菜，而你点的是高热量的蘑菇炖小鸡。朋友正在减肥，不想吃高热量的食物，素菜是他最佳的选择。你却因为整天熬夜，身体疲惫，想补充一些营养，因此对荤菜情有独钟。在点菜的问题上，朋友心中的标尺是低热量，你心中的标尺是高营养。

人们在做一个选择时，先要有成本和收益的概念。一旦这个标尺建立，就可以很明确地去判断我们选择的答案是好或不好、对或不对，而标尺判断的实践过程，是将你心中的想法一一拿出来比对被选择的答案。譬如你会考虑自己胆固醇太高、太油腻可能对健康不利，天气太热，湘菜大多又辣又烫，会不会吃得满身大汗？附近有哪几家湘菜馆？距离会不会太远？今天是周末假期，路上到处都是车子，到了餐馆有没有位子……你会对应所有的需要逐一去比较、判断。

当然，考虑因素的多寡因人而异，有些人天生就比较注重菜色及气氛，所以拼了老命也要去高级一点的餐厅，其他距离、健康、时间成本、交通等因素就不会那么在意；有些人天生比较精打细算，一旦评估了所有的因素，可能就推翻了出去吃的决定，改成干脆在家将就吃点算了。

每个人的判断标尺不一样，很难说谁的选择一定是对的、十全十美的。个人品位及需求不同,人与人之间很难有一个共同的标尺。希腊哲学家普洛塔高勒斯说"人是万物的尺度",此话不愧为一句真理之言。

有些人常在做出一些决定前犹豫不定,就是因为心中拥有好几把"标尺","想吃蛋糕又怕身体太胖,不吃蛋糕又不甘心";"星期六下午想去看电影,又想和朋友去爬山,也想和女朋友去跳舞,又想……"类似这种矛盾,相信在我们的生活中常常出现。

事实上,不管每个人心中的标尺有几把,每个人的价值标准差异有多大,每个人在做判断型模式的思考时,方法和理论其实都大同小异,只是有些人反复在更换自己的"标尺"罢了。不管我们有多少把"标尺",无论我们有多少选择,最后只能有一个决定。

因此,了解了自己在做判断时的"标尺",统一了自己的"标尺",有助于我们更迅捷地下决定,不会在犹豫中浪费时间、伤透脑筋。

每个人心中都有一把标尺,当我们在比较事物、权衡利害得失时,这把标尺是判定一切的标准。

虽然我们心中的这把标尺是根据自身的需求打造出来的,但是这把标尺有很多不合逻辑之处,甚至和现实背道而驰。所谓的现实逻辑就是现实世界中的各项事实及定律,像是酗酒和抽烟对身体不好,却有无数烟民与酒鬼乐此不疲;违法犯纪必定会受到法律的制裁,却不乏前仆后继的以身试法者等。

有时候,我们做决定时,除了自己是阻碍自我效益原则的因素外,外在的客观因素也是一大阻碍。最常见的现象,就是一个人下决定时所依据的标尺,竟然是用"别人的"标尺。这种做法等于是放弃自己选择人生的权利,在这种情况下所做出来的决定,不见得是符合自身效益的。

最常见的例子就是"和自己不喜欢的人结婚"。当事人在做决定时,可能以别人、父母亲友、社会或道德的标尺来作为判断依据,如此情况下所做的决定,很难是个好决定,是否符合自身的利益也很令人怀疑。因为只有你自己知道自己需要什么,只有你自己知道自己的效益点在哪里。

还有一个常见的情形便是高考后的选填志愿,本来要选择什么专业什么学校应该是由学生根据自己的兴趣和专长来选择的,然而大部分的学生却会受到社会价值观、父母的期望等因素影响而做了错误的选择。常常听到因为兴趣不合所以念得很辛苦的例子,适应力强的会继续念下去,也有人幸运地念出兴趣来了,但也有不少人浪费了宝贵的光阴。

如果当初能够以自己的兴趣为标尺,或许可以少走些冤枉路。与其花时间去适应没兴趣或不擅长的事物,还不如把精力放在自己喜欢的事情上,收获必定会更多,心情也会更自在开朗。不过,很多事可能要在你做了选择之后才会发现吧!

或许有人会觉得,发生这种情况也是不得已的,做决定的人有太多的苦衷和无奈,或许这种决定才是完美的决定,能够使大家皆大欢喜。这种想法可说是大错特错,就像"世上没有不死的人"一样,世上也没有"完美的决定"。记住,你永远无法同时满足众人的要求,只有符合自身效益的决定,才是正确的决定。

第二章 机会成本

何为机会成本

在这世界上,你选择了一种东西就意味着你需要放弃其他的一些东西。

现实生活中我们每天都要面对很多的选择,因此,为了做出合理的决策,我们必然要考虑到可供选择方案的成本和收益。但是,在许多情况下,某种行动的成本并不像乍看时那么明显。比如,当你在面临是工作还是继续读书的选择时,如果你选择了继续读书,你要付出的成本将不仅仅是用于学费、住房和伙食的钱的总和,还有如果你当时选择了工作,每个月的工资就是现在你选择读书所要担负的机会成本。可见,机会成本就是为了得到某种东西所必须放弃的东西,或者说是指由于选择一种方案而放弃另一方案的收益,又被称为择机代价或替换成本。

比尔·盖茨在创业与学业之间也曾做出了一个大胆的选择。比尔·盖茨于1973年进入哈佛大学法律系,19岁就退了学,与同伴创办电脑公司。这样他就没有能够拿到哈佛大学的毕业证书。1999年3月27日,比尔·盖茨应邀回母校参加募捐会,当记者问他是否愿意继续学习拿到哈佛大学的毕业证时,他向那位记者笑了一下,没有回答。

看来比尔·盖茨是不愿意拿哈佛大学的毕业证了。我们可以想象，如果当年他把大学读完，也许世界首富就不会是他了。盖茨是电脑奇才，他在36岁时就成为世界上最年轻的亿万富翁。1999年《福布斯》评选世界富豪，盖茨居世界亿万富翁首位，净资产850亿美元，被《时代》周刊评为在数字技术领域影响重大的50人之一。如果用机会成本分析，他拿到哈佛大学毕业证的机会成本就是世界首富的地位。

机会成本是经济学中的一个重要术语，那就是为了得到某种东西所必须放弃的东西。也就是在一个特定用途中使用某种资源，而没有把它用于其他可供选择的最好用途上所放弃的利益。机会成本是因选择行为而产生的成本，所以也被称为选择成本。

机会成本的概念对分析资源的有效使用具有重要作用。资源的稀缺性是一个不可否认的事实，任何一种资源都可以有多种用途，把资源用于某种用途就会在同时放弃其他选择。要使稀缺的资源得到最有效的运用，就要把它用于最能满足社会需要并能使产量达到最大化的商品的生产。

机会成本可以用来分析很多领域，生产的选择、消费的选择，生活中到处存在着机会成本。如每个人的时间安排也都存在机会成本，把时间安排于某一项活动，就放弃了把时间用于另一项有价值活动的机会。而善于利用机会成本分析利弊做出效用最大化的选择是理性人的首选。

吃苹果的学问

记得小时候，同学之间经常问这样一个问题：两箱苹果，一箱又大又鲜，另一箱由于放得久了，有一些已经变质了，问先吃哪箱，即先吃好的还是先吃坏的？这道题的目的在于测试回答者是乐观的人还是悲观的人。

最典型的吃法有两种：第一种是先从烂的吃起，把烂的部分削掉。这种吃法的结局往往就是要吃很长一段时间的烂苹果，因为等你把面前的烂苹果吃完的时候，原本好端端的苹果又放烂了。第二种是先从最好的吃起，吃完再吃次好的。这种吃法往往不可能把全部的苹果都吃掉，因为吃到最后的烂苹果实在是烂得没法吃了，就都给扔了，形成了一定的浪费。但好处是毕竟吃到了好苹果，享受到了好苹果的好滋味。按照当时的测试点：选择前一种吃法的人是悲观的人，后一种则是乐观的人。

通常喜欢第一种吃法的人，觉得第二种吃法容易造成浪费。喜欢第二种吃法的人，觉得享受好苹果的味道更要紧，扔掉几个烂苹果不算什么。

两种吃法，各有各的道理。在实际生活中，究竟先吃哪个苹果，对个人其实没有太大的影响。但先吃哪个苹果的选择，在其行为背后，却别有一番深意。对于经济学上的理性人来说更愿意采取第二种吃法。吃苹果不同于吃饭，不是为了果腹，而为了品尝其味道，吸收其营养。从这个意义上讲，先吃好的比较理性。用经济学的语言来说，这种吃法的机会成本相对较少一些。

经济学认为，人的任何选择都有机会成本。机会成本的概念凸显了这样一个事实：任何选择都要"耗费"若干其他事物——其他必须被放弃的替代选择。在实际生活中，对被放弃的机会，不同的人会有不同的预期和评价，这取决于他们的主观判断（主观的机会成本）。具体到先吃哪个苹果的问题上，两种吃法，代表的实际上是两种观念，两种对机会成本的主观判断。第一种吃法的主观判断是浪费的机会成本大于好苹果味道变差的机会成本，第二种吃法的主观判断是味道变差的机会成本大于浪费的机会成本。

在我们的日常生活中，经常都要面对"先吃哪个苹果"的选择。我们每天都要自觉不自觉地对各种机会成本进行比较。

个人对机会成本的感觉会有偏差，这给人的启示是：要善待自己，也要善待他人；既要尊重自己的感觉和选择，也要尊重他人的感觉和选择；每当遇到纯属个人的选择时，在决策上，应尽可能地由自己做出，而不要由他人或集体做出，因为只有自己才了解自己的主观机会，而别人和集体决策者却缺少充分的信息。

"面子"经济学

所谓"面子"，其实就是别人对你的评价。"面子"的实质是本我人格的外在化表现。

从经济学角度看，"面子"属于精神产品的范畴，人们爱"面子"的实质是一个人对精神产品消费效用的偏好。社会对一个人的评价本质属于一个人的无形资产和精神财富。这种评价对个人而言，更多体现为一种心理满足。"面子"不讲究实惠，讲究形象，"面子"直接体现的是一种精神收益，而不是物质收益。某人很有钱，有钱本身会带给他"面子"，但这里"面子"是指由其物质财富而衍生的精神收益，并不是指物质财富本身。

人们为什么喜欢"面子"？首先，因为人是效用最大化的追求者。这里的效用最大化是指一个人一生总效用的最大化。而一个人的总效用水平来自物质产品和精神产品两个方面，是消费物质产品效用与消费精神产品效用之和。"面子"本身是精神产品，所以，有了"面子"，也就直接增加了一个人的精神收益，从而也就直接增加了一个人的生活总效用水平。

其次，"面子"也会产生间接经济价值。"面子"是一个人的"品牌"和形象。和一般人相比，人们更乐于和有"面子"的人打交道和进行各种交易。在这种情况下，有"面子"的人就比一般人有着更多的谋利机会，并且交易成功的可能性也较大。所以，从长远看，"面子"本身也具有潜在的经济价值，能够为一个人带来物质收益。

一般而言，人们喜欢"面子"的程度有差异，这主要取决于其效用偏好。有些人注重物质性收益，有些人注重精神性收益；有些人偏好生理需求的满足，而有些人偏好内心感受的体验；有些人更多考虑个人实际感觉，而有些人更多考虑社会评价。生活在世界中的人，每个人的效用偏好都是不同的。毕达哥拉斯说过：生活就像奥林匹克运动会，聚到这里来的人们通常抱有3种目的：有些人摩拳擦掌以折桂，有些人做买卖以赢利，但还有一些人只是单纯做参观者，冷眼静观这一切。这里反映出的就是效用偏好的不同。

"面子"对个体而言毕竟是一种约束，所以也就客观上提高了个体利益向公共利益转化的可能性和渠道。同时，如果社会上每一个人都重视"面子"，社会经济运行会降低许多交易成本。一个人讲"面子"，会带动一部分人讲"面子"，从而产生精神的扩散效应和乘数效应，这将进一步直接和间接促进社会经济效率的提高。

当然，"面子"毕竟是"面子"，不是"里子"。"面子"反映的是表面现象，而"里子"才是真实的本质。人前是一套游戏规则，人后又是另一套游戏规则，这种双重规则会加重社会成员的决策成本和监督成本，不利于社会经济效率的提高。另外，"面子"本身也蕴藏着人的一种机会主义本能。当"面子"与"里子"不统一时，机会主义便会应运而生。而机会主义又会引发诚信缺失等许多问题，并将直接导致社会秩序建设成本的增大。

关注考研的机会成本

　　毕业两年了，小张依然每天出现在校园里，在图书馆、自习室里打发时间。两年里，她共参加了3次研究生考试，"起初，只是想多过几年学校里风调雨顺的日子，结果现在考研都快成了我的工作了，如果这一次还考不上的话，真不知道是否应该继续考下去"。其实，在每一所大学里，都晃荡着很多与小张境遇相似的迷茫身影。面对就业的巨大压力，一些应届、往届的大学毕业生，仅仅出于不想过早工作的目的就加入了考研大军，踏上了一条被动的考研之路。类似的事情，就发生在我们周围。在为他们的拼搏和毅力叫好的同时，不禁要问：付出这么大的成本考研值得吗？

　　按经济学观点，做任何事情都需要一定的成本，考研也不例外。先算一下经济方面的机会成本。众所周知，如今的考研一定程度上来说就是考"钱"。所有考研者的经济成本都大于其直接的经济支出，而且考研的次数越多，其经济成本就越大。

　　还有心理压力成本。几乎每个考研过来的人都认为那段时间（复习时间）人简直成了读书机器，来自社会、家庭以及自身的压力都很大。特别是家庭状况不是很好的考生，意味着不能为家里创收还要花费家里的钱。

考研的机会成本是比较高的,如果对自己能够承受的代价没有充分的心理准备,或者无法学以致用,考研反而会成为一种负担。

这并非危言耸听。不久前,两名工商管理硕士到泉州某IT企业应聘,这家公司的老总认为,他们理论有余,而务实不够:"我们需要的是踏实做事的人,而不是花费无谓的高薪给公司找麻烦。"

再算算其他方面的机会成本。时间方面,考研者的时间成本都大于其直接用于考研的时间。考的次数越多,时间成本也越大。相反的例子莫过于比尔·盖茨了。他停学创业,而不是继续求学。如果真选择后者,说不定他也错过了时机,成就不了今日的微软。从某种意义上说,那些考研者是不是错过了很多机遇呢?

大学毕业时,你面对的是"就业难",但本科生仍然还有一定的"含金量",因为毕竟就业率在50%左右;研究生期间,如果你继续过着舒服安逸的生活,每天优哉游哉学无所长,那么,研究生相对于本科生而言,就是"不进则退"。3年之后研究生毕业时,工作机会却并没有增长多少(据相关数字统计,研究生的就业率在60%左右),而本身的能力却是"水降船低"。

再假设一下,如果说大学毕业时你有幸成为找到工作的那50%,那么你获得的将是3年的工作资历和经验。而若不幸成为没有找到工作的那50%,那也会是你一生受用的挫折教育,一笔宝贵的人生财富。

如果说当你大学毕业时,因为害怕"找不到工作"而选择考研,那么3年之后,你仍然要面对"工作不好找"这个现状。3年的研究生生涯,是为想做研究做学问的人提供的一个良好的深造机会,如果仅仅将其视为逃避压力的避风港,那么,读研也就失去了其应有的意义。

近年来,研究生的扩招,让研究生的教育质量下滑,一些企业不承认其"含金量",只因其"缩水量"过大。研究生期间,如果贪图安逸享受,不去学些有用的知识,不去为自己将来的人生规划做打算做设计,不去想毕业后自己仍然要面对的就业问题,那么,社会在你静止的时候又加速向前发展,不会等着你。那时你面对的将是比3年前更"可怕"的社会、更大的就业压力——那么,你该怎么办?继续躲?接着逃?考博士吧,然而博士之后呢?之后的之后呢?

算清了这些方面的成本之后,理性的考生们还应该明确一个目标。飞机航行,要有明确的目的地;大海行船,要清楚地知道自己前进的方向。做事情都要有自己的目的,考研也是一样。

我们并不否认考研的积极意义,也不是说优秀人才不需要考研,而是说国家的发展需要一定的成本,这种成本是个人发展成本的累加。因此,如果每个青年都不计成本地考研,不就大大增加了我们这个并不发达的国家的发展成本吗?何况,并非每个专业都一定得硕士才能胜任,考研也不是个人发展的唯一出路。

第三章 逆向选择

什么是逆向选择

逆向选择是指在信息不对称的前提下,交易中的卖方往往故意隐瞒某种真实信息,使得买方最后的选择,并非最有利于买方自己,这时候买方的这种选择就叫作逆向选择。

美国经济学家阿克洛夫1970年提出了著名的旧车市场模型,开创了"逆向选择"理论的先河。

在旧自行车市场上,买者和卖者之间对自行车质量信息的掌握是不对称的,卖者知道所售自行车的真实质量。一般情况下,潜在的买者要想确切地了解旧自行车市场上车的质量好坏是困难的,他最多只能通过外观、介绍及简单的现场试验等,来获取有关自行车质量的信息。

然而,从这些信息中很难准确判断出自行车的质量。因为自行车的真实质量只有通过长时间地使用才能看出,但这在旧车市场上又是不可能的。

所以,旧自行车市场上的买者在购买自行车之前,并不知道哪辆车是高质量的,哪辆是低质量的,他只知道旧自行车市场上自行车的平均质量。

在这种情况下,典型的买者只愿意根据平均质量支付价格。但这样一来,质量高于平均水平的卖者就会将他们的自行车撤出旧自行车市场，市场上只留下出售质量低的自行车的卖者。

结果是，旧车市场上自行车的平均质量降低，买者愿意支付的价格进一步下降，更多的较高质量的自行车退出市场。由此，高质量自行车被低质量自行车排挤到市场之外，市场上留下的只有低质量自行车。也就是说，高质量的自行车在竞争中失败，市场选择了低质量的自行车。

这违背了市场竞争中优胜劣汰的选择法则。平常人们说选择，都是选择好的，而这里选择的却是差的，所以把这种现象叫作逆向选择。

从上述分析过程还可以看出，产品的质量与价格有关，较高的价格诱导出较高的质量，较低的价格导致较低的质量。逆向选择使得市场上出现价格"决定"质量的现象。

买者无法掌握产品质量的真实信息，这就导致卖者通过降低产品质量来降低成本，因而出现低价格导致低质量的现象。

逆向选择对经济是有害的：高质量的卖者和需要高质量产品的买者无法进行交易，双方效用都受到损害；低质量的企业获得生存、发展的机会和权利，迫使高质量的企业降低质量，与之"同流合污"；买者以预期价格获得的是较低质量的产品。

如同"道德风险"一样，"逆向选择"这一术语也起源于保险行业，因为保险市场上的逆向选择现象相当普遍。以医疗保险为例：不同投保人的风险水平不同，有些人可能有与生俱来的高风险，比如他们容易得病，或者有家族病史；而另一些人可能有与生俱来的低风险，比如他们生活有规律，饮食结构合理，或者家族寿命都比较长。

这些有关风险的信息是投保人的私人信息，保险公司无法完全掌握，因此保险公司对所有投保人制定统一的保险费用（这属于总体保险合同）。由于保险公司事先无法辨别潜在投保人的风险水平，这个统一的保险费用，只能按照总人口的平均发病率或平均死亡率来制定。所以，它必然低于高风险投保人应承担的费用，同时高于低风险投保人应承担的费用。

这样，低风险投保人会不愿负担过高的保险费用，退出保险市场，这时，保险市场上只剩下高风险的投保人。简单地说，这时，高风险投保人驱逐低风险投保人的逆向选择现象便发生了。其结果是保险公司的赔偿概率，将超过根据统计得到的总体损失发生的概率，保险公司出现亏损甚至破产的情况必然发生。我们称保险市场上的逆向选择为道德风险。

资本市场上也存在着逆向选择。比如对于银行来说，其贷款的预期收益既取决于贷款利率，也取决于借款人还款的平均概率，因此银行不仅关心利率，而且关心贷款风险，这个风险是借款人有可能不归还借款。

一方面，通过提高利率，银行可能增加自己的收益；另一方面，当银行不能观测特定借款人的贷款风险时，提高利率将使低风险的借款人退出市场，从而使得银行的贷款风险上升。

结果，利率的提高可能降低而不是增加银行的预期收益。显然，正是由于贷款风险信息在作为委托人的银行和作为代理人的借款者之间分布并不对称，导致了逆向选择现象。

信息不对称下的逆向选择

信息不对称是造成逆向选择的重要因素。在商品市场上，买者和卖者了解的信息是不一样的。卖者比买者更清楚产品实际的质量、性能和相应的成本。这种情况在经济学中称为买者和卖者的"信息不对称"。信息不对称是一个相对的概念，因为双方中必然有一方对信息掌握得多一点。因为经济学中所说的理性人都是追求自身利益最大化的，信息相对充分一方的所作所为将会为你带来一种风险，叫作逆向选择。

《三国演义》里的"空城计"故事可谓是把信息不对称发挥到极致的经典例子。

在诸葛亮与司马懿西城大战期间，司马懿和诸葛亮都成功地利用信息不对称，通过逆向选择给对方制造了很大的麻烦。最后，司马懿杀了孟达，诸葛亮吓跑了司马懿。一胜一负，两人打了个平手。

诸葛亮和原降魏蜀将孟达商议好，孟达在新城举事反魏，准备一起攻取洛阳，诸葛亮率蜀军主力攻取长安。当诸葛亮听说司马懿官复原职，在宛、洛起兵，于是派人提醒孟达，一定要谨慎小心司马懿，不能轻视。孟达觉得不必害怕司马懿，宛城离洛阳大约800里，到新城有1200里。司马懿要是知道自己想反魏举事，一定会向魏主禀报的。这样一来，时间至少需要一个多月，那时，我孟达已把城墙加固好了，司马懿就是来了也没有什么用了。"人言孔明心多，今观此事可知矣"，他认为诸葛亮真是多虑了。

司马懿知道孟达准备反魏，便想到如果先上奏魏王，待魏王回复来回要一个月，那时早已无济于事了。于是他来了个逆向选择，日夜兼程，通宵达旦，不到10日便赶到新城擒获了孟达。

在这个回合中，司马懿胜就胜在利用信息的不对称而"出其不意，攻其不备"。孟达没有料到司马懿的心机，诸葛亮要高出孟达许多，熟悉司马懿的思维方式。司马懿利用逆向选择赢了孟达，诸葛亮却"以彼之道,还施彼身"。在西城,空城计的成功同样归功于孔明的逆向选择。

在空城计这一回合中,司马懿对诸葛亮的了解也就是孟达的水平。在他眼里,诸葛亮就是一个不见兔子不撒鹰的主。

而这次诸葛亮偏不这样,他来了个逆向选择。司马懿认为我不弄险,我偏给你弄个大的险看看。只见西城4个城门大开,不见一兵一卒,孔明披鹤氅,戴纶巾,在城上敌楼前,凭栏而坐,焚香操琴,结果呢,司马懿退兵了。

在真实的生活中,信息相对不充分的一方也会做出有利于自己的选择。比如说,经济学大师阿克洛夫最早研究了二手车市场,他发现一辆即使是今天买了明天就卖的车,价钱也会比原值低得多。买二手车的人对车的熟悉程度肯定不如车主,信息是严重不对称的。他们的理性选择就是认定所有的旧车都是次品车,只愿意出最低的价格。这样好的车也不会在这里销售了,最后,买者和卖者的利益都受到了损失。信息不对称的双方都出于自身利益的考虑,彼此做出了不利于对方的选择,结果导致了双败的局面。经济学的理论已经证明了合作是最优的,众人拾柴火焰高,信息的不完全使我们失去了很多本来属于我们的东西。

小人得志与怀才不遇

在社会上,小人得志与怀才不遇的现象也是人生里的逆向选择的表现,有的人努力一生,却一无所获;有的人几乎不用任何努力,便有机遇垂青。在学习上努力可以让你的成绩倍增,但在社会上,努力与结果并不总是正比例关系,你努力了,不一定会有好的结果。

中国怀才不遇的鼻祖可以说是屈原了。屈原是战国末期的大诗人,《史记》有传,屈原初辅佐怀王,做过左徒、三闾大夫,学识渊博,主张彰明法度、举贤授能、联齐抗秦。后被谗去职,顷襄王时被放逐于沅湘流域。都城郢被秦兵攻破后,他既无力挽救楚国的危亡,又深感政治理想无法实现,遂投汨罗江自尽。

"怀才不遇"是有真才而没有施展才华的平台、机会和空间,是千里马找不到伯乐。

王先生,原先是一个跨国公司的营销副总监,有丰富的营销和管理经验,能力非常强,业绩也很突出。某企业花了半年时间把王先生挖了过来,并任命他为营销总监。这位王总监花了3个月的时间把工作搞得有声有色,颇有成绩。然而,就在大家普遍看好这位年轻的营销总监时,他却毅然决然地辞职而去。

主要原因有4点:

(1)企业不信任、不放权,有总监之名,无总监之实,基本上相当于一般的区域经理,总监的工作无法正常有效地开展实施。

(2)在讨论企业重大决策时,公司领导视王总监的建议为抵触和不服从的表现。

(3)在王总监推行公司已经认可的改革而危及部分人的利益时,公司领导不支持,甚至将计划放在一边不闻不问。

(4)在王总监出现小的工作失误时,公司领导对其全盘否定。

在这种情况下,王总监毅然离去,就是基于"怀才而不遇伯乐"的原因,有力无处使,有力无法使。出于良心和职业道德,王先生3个月来努力把工作开展得"颇有成绩";但出于长远的考虑,怀才不遇的王先生还是走为上策。

今天,我们身处这个人才全球自由流动的时代,面对"怀才不遇"的古老话题，情况也今非昔比了。许多单位在选人、用人方面的观念、制度上都发生了翻天覆地的变化，人才流动的渠道前所未有地宽畅、自由、公正、透明。可以说在这种新的环境下，怀才不遇的现象有了很大改善。另外，人们面对"怀才不遇"时，不应该抱怨"明珠埋没"，而是要做出新的思考。比尔·盖茨说："生命是不公平的，但你要去适应它。"是的，"怀才"者也要适应环境，否则只能"不遇"了。如果某一环境确实让自己感到"怀才不遇"，就尽快地离开那里，外面的天地无限广阔。所谓"才"，当然也包括了适应环境、克服困难、脱颖而出的能力。

　　金无足赤，人无完人。每个人都有自己的核心优势和竞争力，也有自己固有的缺点和劣势。才非天生，绝大多数的才能为后天所学，由于天赋等各方面的条件，人各有其才，只不过是"大才"还是"小才"而已。在大多数情况下，"才"无非是人们谋求生存的一个技能。一般的人，只要不自我夸大所怀之才，又能满足自己的生存状态，就不会常常有"怀才不遇"的感叹。怀才之人与社会需求的关系其实就是"供"与"求"的关系。聪明的人，面对多变的市场需求，不在感叹中浪费时间，而是多学几种技能，使自己更加充实，这些人才是真正的"怀才"之人。

　　与怀才不遇相反的情况是"小人得志"，一般而言，在"怀才不遇"的君子眼里，得志的都是小人。比如小人善于拍马溜须，善于吹喇叭抬轿子。但是，为什么偏偏这些人就容易得志？很简单，没有人不喜欢被赞美。高处不胜寒，位置高高在上的人也希望得到关心，所以，清高的"才子"当然比不过比较有人情味的"小人"了。

　　所以小人得志也好，怀才不遇也好，虽然这属于人生里逆向选择的表现，但处理这类问题的关键还是要看自己的心态。人的成功是一辈子的事情，有的人少年事业有成，却晚景凄凉；有的人年轻碌碌无为，但却大器晚成。与其面对人生里的逆向选择枉自嗟叹，倒不如学学姜太公，踏踏实实地钓鱼。真金不怕火炼，只要你本领过硬，并用心等待时机，总有一天会成功的。

如何避免逆向选择

造成逆向选择的原因只有一个，就是信息隐匿。所以要摆脱逆向选择只有一个途径，就是最大限度地去挖掘信息，尽量多掌握有利于自己的信息，做到知己知彼。

在社会上，谁掌握了信息，谁就掌握了优势资源，如果信息闭塞，那么就会陷入逆向选择的困境。例如，你用很少的钱买了一箱银元，你觉得自己占了便宜，那么此箱银元是真是假的判断就至关重要。一旦是赝品，哪怕它被铸造得再逼真，你也彻底赔掉了，除非你还可以把银元再卖给别人。在信息不对称的情况下，也就是大家对银元都不知道真假，都没有判断银元真假的技术的情况下，这箱银元便会在市场上流通。如果你碰见一个专业高手或者碰见一个司法机关的工作人员，那么你就可能赔了夫人又折兵。再比如，选择一个项目进行投资时，要求花最少的钱带来最大的利润，但市场上充斥着大量这样的项目，每一个寻求投资的人都会把自己的项目吹嘘得天花乱坠，从项目的技术、团队、市场前景分析到赢利，仿佛只要稍微投点资金，大量的利润便会滚滚而来，你可能会觉得自己捡了个大便宜。等你忙不迭地投资时，你会发觉项目并不像你们原来谈判的那样，它存在着大量的问题，可能还没有与当地的政府协调好，开工不久，就被通知停工。这是投资里的逆向选择。这是由于信息隐匿造成的，因为对项目信息没有全面而深刻地把握和了解。

在生活中，所有成就大事业的人，无不是对信息有特别敏感的人，他们往往信奉信息决定一切，掌握了信息也就掌握了世界，所以在他们的事业发展过程中，经常是一片坦途，很少发生逆向选择的触礁事故。著名的世界金融大亨罗斯柴尔德就是这样一个人物，他对信息有着极强的敏感性，而且这一传统也传给了他的家族，正是如此，他的家族事业才长盛不衰。

信息是罗斯柴尔德家族的成功法宝。老罗斯柴尔德在父母去世之后便放弃了学业，一直没有找到合适的工作。后来，他偶然听说伙伴们喜欢到当地垃圾场去寻找古钱币。说者无心，听者有意，他灵机一动，便决定收集已经不再流通的硬币、勋章和绥带，进行清洁后出售。可以毫不夸张地说，19世纪最伟大的金融世家是靠拾垃圾发家的。这个腼腆的少年受到法兰克福当地古董商的关注，他们纷纷与他合作，并把他推荐给同伴。罗斯柴尔德的经商之路从此一帆风顺，后来，他开了自己的古董店。

有其父必有其子，他的儿子同样具有灵敏的商业嗅觉。在拿破仑战争时期，老罗斯柴尔德的儿子内森获知英国打算给予威灵顿将军所在的部队庞大的财政支持，而此时正好赶上一家公司要出售大量金条，内森当机立断，全部买进。英国政府得知后，马上找到内森，希望购入这批黄金，这是战争时期唯一不会贬值的硬通货。内森还负责将黄金送到联军，并得到极为丰厚的酬劳。

不过，众多的投机之举也为罗斯柴尔德家族树敌不少。一次，他的竞争对手截获了罗斯柴尔德家族成员之间的重要信件，他们以为会从信中发现什么秘密，找到的却是一些神秘的符号和晦涩难懂的句子。罗斯柴尔德家族对商业秘密的保护可见一斑。

第二篇　经济学的基本概念及规律

最令人津津乐道的是，1815年，正当欧洲债券市场随着滑铁卢战役的发展而动荡起伏时，内森在商业界上演了空前绝后的一幕。由于内森在交易所里是举足轻重的人物，而在交易时他又习惯靠着厅里的一根柱子，所以大家都把这根柱子叫"罗斯柴尔德之柱"。

1815年，英国和法国之间进行了关系两国命运的滑铁卢战役。如果英国获胜，毫无疑问英国政府的公债将会暴涨，反之必将一落千丈。

因此，交易所里的每一位投资者都在焦急地等候着战场上的消息，只要能比别人早知道一步，哪怕半小时、10分钟，也可趁机大捞一把。

战事发生在比利时首都布鲁塞尔南方，与伦敦相距非常遥远。

因为当时既没有无线电，也没有铁路，除了某些地方使用蒸汽船外，一般要靠快马传递信息。而在滑铁卢战役之前的几场战斗中，英国均是败仗，所以大家对英国获胜抱的希望不大。这时，内森面无表情地靠在"罗斯柴尔德之柱"上开始卖出英国公债了。"内森卖了"的消息马上传遍了交易所，于是，所有的人毫不犹豫地跟进，瞬间英国公债暴跌，内森继续面无表情地抛出。

正当公债的价格跌得不能再跌时，内森却突然开始大量买进。交易所里的人给弄糊涂了，这是怎么回事？内森玩的什么花样？追随者方寸大乱，纷纷交头接耳，正在此时，官方宣布了英军大胜的消息。

交易所内又是一阵大乱，公债价格持续暴涨。而此时的内森却悠然自得地靠在柱子上欣赏这乱哄哄的一幕。无论内森此时是激动也好或者是陶醉在胜利的喜悦中也好，总之他发了一笔大财！

表面上看，内森似乎在进行一场赌资巨大的赌博。如果英军战败，他岂不是损失一大笔钱？实际上这是一场设计精密的赚钱游戏，滑铁卢战役的胜负决定英国公债的行情，这是每一个投资者都十分明白的，所以每一个人都渴望比别人抢先一步得到官方情报。唯独内森例外，他根本没有想依靠官方消息，他有自己的情报网，可以比英国政府更早了解到实际情况。

罗斯柴尔德的5个儿子分布在西欧各国，他们视信息和情报为家族生存的命脉，所以很早就建立了横跨全欧洲的专用情报网，并不惜花大价钱购置当时最快最新的设备，从有关商务信息到社会热门话题无一不晓，而且情报的准确性和传递速度都超过英国政府的驿站。正是因为有了这一高效率的情报通信网，才使内森比英国政府抢先一步获得滑铁卢的战况。

可见信息在任何时候都起着关键作用，如果你能掌握及时和全面的信息，就能防止逆向选择的发生。即使在逆向选择表现得最为突出的保险领域，信息的优势一样可以避免逆向选择。如果你事先了解了投保人的情况，知道他之所以投保是因为出事的概率比较大，你就可以要求他增加投保费或加上其他的附加条款以减少自己的损失。

第四章　偏好与效用

萝卜白菜各有所爱

经济学的很多术语所包含的道理其实都体现在日常生活一些常用的语言中，比如"萝卜白菜，各有所爱"就体现了经济学中偏好的含义。

偏好是微观经济学的一个基础概念。它是指消费者按照自己的意愿对可供选择的商品组合进行的排列。消费者消费的商品组合称为商品束，商品束可以是多种商品，也可以是两种商品。偏好是主观的，也是相对的概念。主观是因为它是个人对于事物的评价，只表示某个人认为一物优于另一物；相对是因为一个人的主观偏好会随时间的推移而变化。

经济学中的偏好关系具有两个重要的性质，即非对称性与传递性。所谓非对称性是指若某人认为物品 A 优于物品 B，就不能同时又认为 B 优于 A；所谓传递性是指若某人认为物品 A 优于物品 B，而物品 B 优于物品 C，那么物品 A 肯定优于物品 C。

在经济学中，偏好是对一种货物、事件或项目的喜好，其程度高于对一种或多种其他货物等的喜好。每个人在一生中，由于受各种因素的影响，其效用偏好结构并不是固定不变的，而是一个时间的函数。虽然一个人一生的效用偏好结构随时间的变化而变化，但时间本身并不是一个人效用偏好结构改变的实际决定因素。

改变一个人效用偏好结构的因素主要有：

1. 原有的习惯

效用偏好结构的改变具有路径依赖性，是长久的习惯作用下的产物，新的效用偏好结构要受到原有习惯冲击力的影响。

2. 身体条件的变化

一个人身体条件的改变将直接影响其效用偏好结构的改变，如有的人得了肝病，则原来饮酒的偏好将会随之改变。

3. 工作环境的变化

一个人在一生中，很少只从事一个行业，更换行业是常有的事，有的人一生中可能会更换五六种行业。不同的行业必然具有不同的环境和模式，相应地一个人的效用偏好结构这时也会有所变化，以适应这种新情况。

4. 社会环境影响

它主要是指一个人所处的社会环境及社会潮流、主流文化对一个人效用偏好结构的改变所产生的作用。一个广州人，如果到哈尔滨去定居，其效用偏好结构肯定会发生变化，因为出于生活的需要，他只有在生活方式上融入当地主流社会，才有可能更好地实现他的人生价值。同样，由于社会潮流也在不断变化，所以，即使一个人处在同一城市中，他也会为了适应形势和潮流而不断改变自己的效用偏好结构。从众心理的普遍性为人们改变效用偏好结构提供了一定的行为基础。

5. 自然环境影响

不同的自然环境，必然会为人们提供不同的行为模式。人们选择的过程也就是一个适应和改变的过程，在这种人与自然环境的互动关系中，人自身的效用偏好结构必然会随所处自然环境的改变而改变。

偏好在先,效用在后

其实,效用并不仅仅用来衡量人获得某种物品或服务时的满意程度,它是一个非常复杂的概念。

说它复杂,主要是因为它是主观的东西而不是客观之物,而且,效用也会因人、因地、因时而异。

同样是一杯水,对于长途跋涉、口干舌燥的人来说,他感到的满足程度肯定会大于一个随处都可以喝到水的人;又同样是一包香烟,对于烟民来说,具有很大的效用,而相对于不吸烟的人来说,根本就没有任何效用可言。

由此还可以看出,效用与个人的偏好也有着密切的关系。消费自己偏好的商品,得到的效用会比消费自己不喜好的商品多很多。

一次,动物们觉得无聊,决定开个研讨会,来讨论一下什么东西最好吃。鸡、鸭、羊争论得特别起劲,互相不服坚持己见,大家都是一副很认真的样子。鸡一边刨地,一边自信地说道:"我觉得米是最好吃的东西,那可是我的点心,而且从营养的角度来说也算上品。所以米无疑是最好吃的东西了。"鸭子迈着方步,慢吞吞地说:"小鱼的滋味可真令我神魂颠倒,吃一条太少了,如果能放开肚量,大吃上一顿最称心,论营养属上品,我对鱼的感情最深。"小猫喵喵叫着,捋着胡须提出自己的理论:"经过这么多年实践的检验,我觉得老鼠的肉味鲜美,超过八珍,我每夜吃这点心,特别兴奋。"山羊翘着胡子,摇摇头,不愿再沉默:"吃荤杀生违背佛法,青草多好吃啊,又鲜又嫩。"狗是这次研讨会的主持人,它有条不紊地说:"你们的观点都没有推陈出新。你们可知道带肉的骨头多好吃?那味道别处难寻……"大家不赞同地摇着头,议论纷纷,各说各的理由,都不承认别人说得正确。最后,主持人也有点头脑发昏,整个研讨会不了了之。

动物们的讨论,把偏好与效用的原理诠释得清清楚楚,每个人的偏好不同,对效用的评价也不一样,自己喜欢的东西肯定多吃多拿,自己不喜欢的则避而远之,这就是偏好。

偏好与效用的关联就在于,效用的大小取决于偏好程度,对某个事物偏好程度大,它的效用就大,反之亦然。

商家、消费者的效用博弈

一种商品对消费者是否具有效用,取决于消费者是否有购买这种商品的欲望,以及这种商品是否具有满足消费者欲望的能力。从这个意义上,消费者购买商品就是为了从这种商品中得到物质或精神的满足。效用不同于商品本身的使用价值,使用价值产生于商品的属性,是客观的;效用是消费者消费某物品时的感受,本身就是一个主观的、抽象的、虚无的概念,而不是一个客观的尺度。而且某种商品给消费者带来的效用因人而异,效用大小完全取决于个人偏好,没有客观标准。

为什么经常出现"跳楼价""出血价",商家往往在商品上标明"原价××,现价××"?

商家这样做无非是想通过所谓的"原价"增加商品的预期效用,即使"原价"从来没有出现过,同时较低的现价会使消费者认为自己用较低的支出会得到效用较高的商品，销售量自然增加，同时增加消费者的消费者剩余。价格对消费者有反作用，是决定消费者预期效用函数的一个变量。"越贵越买"，消费者的信息劣势是一个很重要的前提。

消费者追求高效用，并希望能以最低的成本达到这一目的。但在一些情况下，比如信息不完全，我们无法在使用之前清楚地判断其价值，或者这么做的交易成本较高（询问、调查让许多人不胜厌烦）。按质优价高的一般规律，我们会在这样的情况下做出逆向的判断，尽管是经验的，却并非没有道理。

如果在使用商品之前不清楚商品的效用，我们就会反过来根据价格判断商品的效用。"便宜没好货"就说明这个道理。事实上，我们首先是产生了购买欲望后才去市场中搜寻相关商品，然后才是讨价还价，很少有人仅仅根据价格去搜寻商品。于是就会有价格越高，我们对它的评价就越高，在我们的预算内，我们购买的欲望就越强，购买的人就越多，这就形成了"越贵越买"现象。当然贵到一定程度商品就成了奢侈品，买的人就会少了。衣服有其特殊性，我们每次买的不一样，这时候经验不起作用，因此对其效用的估计一个重要的参考因素是价格，况且很大部分的人不是把衣服价格作为主要考虑的因素，甚至有人把衣服的价格作为炫耀的资本。

珠宝首饰也是如此，特别对于玉器、玛瑙等需要专业鉴别知识的商品，我们判断它们的预期效用更依靠价格，所以常常有人高价买来假货。在实际生活中，在消费者面对成千上万的产品种类的各种不同的搭配组合的情况下，要想准确表达自己的偏好是不现实的。但我们注意到，消费者在一段时期内购买商品时，总是在满足了生活必需品的需求之后才考虑购买非生活必需品。中国有句老话：开门七件事，柴米油盐酱醋茶。另外，即使在满足同一个需求层次的同一类别的商品中，作为一个正常的消费者对商品的偏好也仍然存在一定程度的标准。例如，绝大多数消费者会认为购买彩电带给他们的效用比购买黑白电视机更大，饮用干净的水比饮用浑浊的污水带给他们的效用更大。

总而言之，效用的衡量是由各个不同的消费者偏好来决定的。对于任何商品组合，消费者总是可以表达自己的偏好程度，即判断出效用的大小问题。

第五章 幸福指数

幸福指数的来历

如果说 GDP（国内生产总值）、GNP（国民生产总值）是衡量国富、民富的标准，那么我们应该还需要一个衡量人的幸福快乐的标准。在国际社会，这个刚刚出现不久的标准叫 GNH，即 Gross National Happiness（国民幸福总值）。

现代意义上的幸福指数研究是从 20 世纪 50 年代中期开始的。二战结束后，西方发达国家的经济发展迅猛，物质生活很丰富，但同时人们并没有感觉到有多幸福，于是人们把关注的焦点逐渐转移到精神追求和心理感受上，体现民众主观生活质量的幸福指数就此登上舞台。但迄今为止，所见到的幸福指数报告大都是由一些非政府组织、学术机构、研究团体或个人发布的。GNH 最早是由不丹王国的国王提出的，他认为政策应该关注幸福，并应以实现幸福为目标。他提出，人生基本的问题是如何在物质生活和精神生活之间保持平衡。在这种执政理念的指导下，不丹创造性地提出了由政府善治、经济增长、文化发展和环境保护组成的"国民幸福总值"（GNH）指标。在不同的时期，不丹政府推出了不同的国民幸福目标，例如他们的 2002 年—2007 年第九个五年计划将国民幸福目标具体表述为经济增长与发展、保护与改善文化遗产、环境保护与可持续利用、政府善治。他们提出了不同于国民生产总值的新的衡量社会进步与发展的指标，即国民幸福总值，国民幸福总值也是满意感等主观指标。

20 世纪 70 年代不丹提出 GNH 时并不引人注目，然而不丹 20 多年的经济实践已经引起全世界的瞩目，世界上不少著名的经济学家开始把目光投向这个南亚小国，开始认真研究"不丹模式"。美国的世界价值研究机构开始了"幸福指数"研究，英国则创设了"国民发展指数"（MDP），考虑了社会、环境成本和自然资本。日本也开始采用另一种形式的国民幸福总值（GNC），更强调了文化方面的因素。获 2002 年诺贝尔经济学奖的美国心理学教授卡尔曼和经济学家正联手致力于"国民幸福总值"的研究。

世界银行主管南亚地区的副总裁、日本的西水美惠子对不丹的这一创举给予了高度评价。

她说："世界上存在着唯一以物质和精神的富有作为国家经济发展政策之源，并取得成功的国家，这就是不丹王国，该国所讴歌的'国民幸福总值'远远比国民生产总值重要得多。"

中国科学院院士程国栋在全国"两会"期间，向会议提交了一份题为《落实"以人为本"，核算"国民幸福指数"》的提案。程院士认为，只要人们理解幸福与消费之间没有直接联系的观点，就能改变人们对真正是什么增加或提高了幸福程度的认识，从而创造一个可持续发展的社会，并建议从国家层面上构造由政治自由、经济机会、社会机会、安全保障、文化价值观、环境保护 6 类构成要素组成的国民幸福核算指标体系。

程国栋院士说："希望在不远的将来，'国民幸福指数'（GNH）与 GDP 一样重要，监控国家经济社会运行态势，了解人民的生活满意度，同时成为科学的政绩考核标准的组成部分。"

金钱、地位、幸福值

从客观经济学意义上讲，幸福是生活者对生活者剩余所产生的效用的一种反应。生活者对幸福的感受可用幸福值来表示。一般来说，生活者剩余越大，所产生的正效用越大，幸福值就越高。从经济学角度讲，幸福是中性词，应该是可度量的，度量值为幸福值。计算公式如下：

幸福值（HV）= 生活者剩余（SL）× 幸福弹性（EH）（系数）。

生活者剩余是生活者为达到某种生活目标而愿意付出的成本总值与实际付出成本的差额，这里的成本包括显成本与隐成本。幸福弹性（系数）是生活者对生活者剩余所产生效用的反应的敏感度。一般来说，幸福弹性（系数）大的人，"给点阳光（生活者剩余）就灿烂"，同样，如果遭受一点挫折（生活者剩余为负值），受到打击也会越大。

生活是一个人所有的活动的总和，活动包括物质活动与精神活动。对幸福的定义也可以这样理解，生活者付出一定的成本，实际达到的目标所产生的效用与原定目标可实现的概率值所产生的效用的差额。

1. 拥有了金钱和社会地位的人的幸福值并不一定就高

换句日常的话说，有钱有势的人并不一定幸福。现做如下假设，某君甲现为某企业中层领导，其生活目标是5年后拥有1000万元，预期实现的概率为0.5，并成为一家大型企业的董事长，董事长年薪为50万元，预期实现的概率为0.1；假设5年后的实际情况是，他成为董事长，却只拥有100万元；假设其幸福（弹性）系数为5。则其幸福值为：

$HV = [(100-1000 \times 0.5) + (50-50 \times 0.1)] \times 5$

$HV = (-400 + 45) \times 5$

$HV = -355 \times 5$

$HV = -1775$

假设某君乙为普通煤矿工人，其生活目标是5年后拥有20万元，实现概率为0.8，并成为矿井的一名基层管理者，实现概率为0.2。5年后，他拥有了30万元，成为一名基层管理者，年薪为5万元。其幸福（弹性）系数为15，则其幸福值为：

$HV = [(30-20 \times 0.8) + (5-5 \times 0.2)] \times 15$

$HV = (14+4) \times 15$

$HV = 270$

由此看来，5年后，甲、乙尽管所处的环境不同，但乙显然较甲幸福。由于幸福的延迟效应，感受不同，又会导致不同的个体行为。甲不但没有幸福，而且为负值，这时甲会急于找寻幸福。这时又有了新的目标。想在一年内得到2000万元，实现的概率为0.5，结果一年后他得到了5000万元。这时他的幸福值为：

$HV = [(5000-2000 \times 0.5)] \times 5 = 20000$

这时，他又想在一年后得到8000万元，预期实现的概率为0.8，结果一年后由于贪污腐败被查处，没收全部贪污款，被罚家产20万元，并被送进了牢房。这种情况是他没有想到的，因此期望实现的概率为0。这时他的幸福值为：

$HV = [(-5000-20) - (8000 \times 0.8)] \times 5$

$HV = (-5020-6400) \times 5$

$HV = -11420 \times 5$

$HV = -57100$

如果甲被判死刑，就已经超过我们所谈论的幸福的范畴了。

2. 如何做一个幸福的人

最有效的途径是双管齐下：一方面，调低生活目标的预期或调低生活目标实现概率的预期；另一方面，在既定的预期生活目标下，努力提高可实际达到的目标。

理性看待幸福指数

幸福感是由人们所具备的客观条件，以及人们的需求价值等因素共同作用而产生的个体对自身存在与发展状况的一种积极的心理体验，是满意感、快乐感和价值感的有机统一。幸福指数测量的是人们的幸福感，它是反映民众主观生活质量的核心指标。幸福感主要包含3方面的内容：其一，它是人们对生活总体以及主要生活领域的满意感；其二，它是人们所体验到的快乐感；其三，它是人们由于潜能实现而获得的价值感。

有人认为幸福指数可以代替GDP，事实上，这种看法有失偏颇。GDP是体现国民经济增长状况和人民群众客观生活质量的重要指标。没有物质财富的积累和民众可支配收入的提高，就谈不上民众的幸福感。通过对国内某省城市居民的抽样调查研究发现，居民人均收入与幸福感之间呈现一种正比例关系，即城市居民幸福感随着人均收入的增长而提高。大力发展经济，不断积累社会财富，是实现现代化的基础和社会各项事业发展的前提，也是提高人民群众生活质量的必要条件。因此，我们应在重视经济发展的同时，将幸福指数作为GDP指标的必要补充，使之成为考察社会和谐发展程度的重要依据。正确认识幸福指数与GDP指标之间的关系，对于促进经济社会全面发展具有重要意义。

因此，把幸福指数作为社会评价指标时，应对其评价功能进行正确定位。幸福指数体现的是民众一般的心理体验，它必然受到长期的和短期的、宏观的和微观的、主体自身的和外部环境的等多方面因素的影响。这决定了它主要用于对特定的社会发展与社会良性运行状况进行衡量与评价，一般不宜用于评价政府组织的绩效，更不宜用于考察个人的政绩。在追踪幸福指数的变化时，主要是看发展是否偏离了终极目标，而不是看一个国家或地区的幸福指数增长了多少个百分点，也不是看它在与其他国家或地区的比较中位次发生了什么样的变化。

当然，可以采用幸福指数对城乡居民的主观生活质量、不同地区或不同社会群体之间的主观生活质量进行比较。这种比较的目的在于对以往的发展思路与政策选择进行评估，为现行政策的调整和未来政策的制定提供必要的依据，而不是作为政绩考核的标准。

考察幸福指数，并不是追求幸福指数无限增长，而是力求通过幸福指数来考察人民群众主观生活质量的状况和变化趋势，进而调整政策取向，促进社会发展和社会良性运转。随着社会经济的发展，人们的物质和精神生活水平会不断提高，人们的需求也会由低层次向高层次提升，这可能导致"幸福陷阱"的出现。"幸福陷阱"的存在提醒我们，在确定幸福指数时，一定要注意其相对稳定的特点。在主要指标保持稳定的同时，适时地对部分指标加以调整，增加或排除一些要素；对于保留下来的要素，也要对其在总体幸福感中的权重进行必要调整。

所以，我们不要冲动地认为幸福指数具有某种科学性而忽略了理性思考，忽略了 GDP 的科学及可取之处。在日常生活中也要理性看待、讨论这个问题，不要陷入"幸福陷阱"，否则就真的影响了你的幸福指数。

世界上有很多正统的学术机构和严肃的学者在致力于对幸福指数的研究。比如美国著名心理学家赛利格曼、普林斯顿大学心理学教授卡内曼和经济学教授克鲁格，就对此有过很有影响力的研究，他们将其命名为"幸福经济学"。克鲁格教授在很多年前还说："我希望很多年以后，这个指标能与国内生产总值一样重要。"国内已经有一些城市，如深圳在几年前开始对此率先进行尝试。深圳的做法是，将"幸福指数"细化成"个人幸福量表"，由统计部门统计相关数据，由市社会科学研究机构定期发布计算结果。

GDP 曾被誉为 20 世纪最伟大的发明之一，与经济增长率、通货膨胀以及失业率一起，成为衡量一国经济景气、经济健康与否的最重要依据。由于长期将环境代价排除在国民收入的账户之外，社会经济发展的真实成本和收益事实上已被严重扭曲。比如，在一些片面强调 GDP 的地区，高经济增长其实是以环境的恶化和高能源消耗为代价的。一个内陆农业大省的统计数据显示，GDP 增长 9%，但环境污染损失却占到 GDP 的 15%，新增的 GDP 基本被环境欠账吃掉，经济增长的实际意义完全消失。从世界范围来看，环境组织的年度报告中更是赫然写着："近二三十年，全球生态环境问题日益突出，特别是全球气候变暖、臭氧层耗竭、酸雨、水资源状况恶化、土壤资源退化、全球森林危机、生物多样性减少、毒害物质污染与越境转移八大问题，已到了威胁人类生存的地步……"

GDP 不能对资源损耗与环境退化加以计量，不能全面反映一个国家和一个地区当前和未来的净福利变化，不直接体现公民关于幸福的终极诉求，从这个意义上说，幸福指数还是很有值得 GDP 参考的地方。

关于生活幸福度的经济学分析

生活幸福度原本是一个心理学术语，它的本意是指人们对生活满足的程度。经济学家在讨论经济发展水平和人们生活水平的关系时，将生活幸福度引入以说明人们从经济发展中得到的利益。不可否认，经济发展水平是衡量一个国家或一个地区人们生活幸福度的最重要指标，二者之间呈现某种正相关关系。但是，不能说经济发展水平高的国家或地区的人们就一定比经济发展水平低的人们幸福。

有西方学者研究后指出，当经济发展水平超过临界点（如人均 GDP 超过 8000 美元）的时候，幸福感与经济发展水平的相关性就不存在了。如富有的瑞典人比保加利亚人幸福，但是更富有的美国人则与瑞典人在幸福感上没有什么实质性的区别。此外，也存在一些经济发展水平与幸福感不相符合的情况，如巴西、阿根廷和中国人的幸福感或生活满意度比其收入预期的要高一些，一些东欧国家的幸福感则比其实际的经济收入水平预期的要低一些，与收入反差最大的是东亚某些国家，其国民经济收入水平很高，但其幸福感却很低。这表明收入与幸福度并不一定成正比。根据赛利格曼的观点，财富只有在缺少时才对幸福有较大影响，可当财富增加到一定水平后，财富与幸福的相关性就小多了。这和经济学中的边际效用理论一样，当你在很饥饿时吃的第一个馒头边际效用最大，此时你的幸福度最大，而当你吃第二、第三个馒头时边际效用则递减，此时你的幸福度就降低了，然后依次降低直至你吃饱时边际效用为零。

事实上，在不同国家或者一个国家的不同地区，人们对生活满足程度的理解是不同的。如在非洲一些国家，那里的经济发展水平是很低的，但是人们经常在解决温饱后就在大树下开展娱乐活动，显得对自己生活很满足；而一些发达国家的人民在人均GDP达到数万美元后仍觉得生活困苦或者压抑。从中可以看出，要衡量人们生活的满足程度，以生活幸福度来衡量比单纯的经济发展水平指标要科学和合理。

生活幸福度是人们对自己生活状况的心理评价，是经济发展水平、社会习俗、伦理道德、文化传统、价值观念、意识形态的综合体现，具有浓厚的社会色彩，和新制度经济学界定的非正式制度范畴具有很多相同的属性。新制度经济学认为，非正式制度是指人们在长期的社会生活中逐步形成的习惯习俗、伦理道德、文化传统、价值观念、意识形态等对人们行为产生非正式约束的规则。制度创新能力和方向是知识及其结构的函数，即人们知识存量的多少决定了制度创新的能力，知识存量的结构决定了制度创新的方向。也就是说，人们拥有知识的存量越多，就越能对现行制度进行深刻的理解，这样在经济和社会发展后要求制度创新的能力和欲望就越强烈，而不同的知识结构又决定了人们制度创新的努力方向的差异。如在西欧国家，科学创新的精神受到推崇，所以激励技术创新的制度得以发展和完善，但在中国偏向于学而优则仕，这样就导致中国考试制度得以巩固。

人们对幸福度的感知作为一种更深层次上的非正式制度，也存在同样的规律：人们在生活幸福度方面所拥有的知识存量和知识结构决定了人们对幸福生活追求的价值标准和方向，即知识存量和生活幸福度呈反相关关系，而知识结构则决定了生活幸福度发展方向。如在科学和生产力不发达时期，人们的知识存量有限，对于生活满足的要求则处于一个较低的层次上，解决温饱是最大目标，此时人们的幸福追求比较容易得到满足，从而生活满意度也较高；随着科学和生产力的发展，人们不再满足于温饱的解决，对自身的自由和发展的要求则占据了主导地位，所以人们的幸福追求得以升级而不容易得到满足，从而生活幸福度下降。而知识结构的不同也就决定了不同国家或者一个国家不同地区的生活爱好和满足状况，如在美国人们都热衷于信贷消费，认为这样可以最大化地提前满足自己的需要，即生活幸福度高；而中国人认为负债消费是一种生活压力，习惯在积蓄后消费，认为这样消费的生活幸福度高。这种对生活幸福度不同的认知根源就在于美国人和中国人知识结构的不同。

新制度经济学认为，非正式制度既是正式制度形成的基础，人类的许多正式制度都是在非正式制度基础上确立起来的，也是正式制度有效发挥作用的必要条件。事实上，在一个社会中，正式制度数量是很少的，而非正式制度则遍布在人们的周围，无时不在影响着人们的价值观念和行为。正如诺斯所说，"即使在最发达的经济中，正式规则也只是决定选择的总约束中的一小部分（尽管是非常重要的部分），人们行为选择的大部分行为空间是由非正式制度来约束的"。由此可见，非正式制度在一个国家或者社会中具有十分重要的作用。

我国正在进行的改革是一场非帕累托最优的制度变迁，这就必然会触动一些人的经济利益。在不同的地区或者社会不同阶层中，由于人们对改革及生活幸福度所拥有的知识存量和知识结构的不同，就导致人们对改革所触动利益的不同反应：一些人觉得生活幸福度在下降，成为改革的反对者，从而增加了社会正式制度变迁的成本；另一些人觉得生活幸福度在上升，会成为改革的支持者，从而降低了社会正式制度变迁的成本。所以，在我国改革开放过程中，正确处理和掌握不同地区或不同阶层人们心中有关改革及生活幸福度的知识存量及结构，可以为经济、社会制度变迁提供方向和动力。正确对待人们因不同知识存量和结构而产生的对生活幸福度的不同理解，采取不同的疏导政策来适应、引导人们对生活满足的程度和方向，让人们感知制度变迁带来的生活幸福度的提高，这样就会形成有利于我国经济制度变迁的非正式制度环境，降低正式制度变迁的成本，从而促进经济、社会实现协调、可持续地发展。

第三篇
社会生活中的经济学应用

第一章　日常生活中的经济学

竞争有什么好处

烹制沙丁鱼是欧洲人非常喜欢的一道美味。但是长期以来，由于沙丁鱼在运输中经常因环境恶劣而死去，使很多贩运沙丁鱼的商人蒙受了巨大的损失，也使人们的餐桌上很难见到新鲜的沙丁鱼。

一次，一位鱼商意外发现了一个绝妙的解决方法。

在运输过程中，由于商人准备的鱼槽不足，商人只好将鲶鱼和沙丁鱼混装在一个鱼槽中。结果，到达目的地的时候，商人意外地发现，沙丁鱼竟然一条也没有死。

原来，这都是鲶鱼的功劳。由于鲶鱼是一种好动的鱼类，在水中总是不停地东游西窜，使水槽不再是一潭死水。沙丁鱼本来是一种非常懒惰的鱼，很少游动。但是鲶鱼的到来使它们非常恐惧，使它们改变了好静不好动的习性，也跟着鲶鱼快速地游动起来，一槽的水被鲶鱼搞活了。船到岸边的时候，这些沙丁鱼由于活力大增，便一个个活蹦乱跳的。

自然界就是在这种竞争和选择中发展的，也正是这种竞争和选择，使我们赖以生存的世界呈现出如此瑰丽多姿的色彩。即所谓"物竞天择，适者生存"。

竞争在生活中是非常普遍的现象。比如运动员长跑训练，一个人在运动场上跑就不容易出成绩，几个人一起跑的时候，大家的成绩一下子都提高了，为什么呢？因为人们在运动场上有了参照物，有了竞争的对象。再比如，学校为了进行分层次教学，将学生分成快班、慢班，这是很不科学的做法。这样分班的确能使快班的学生得到额外的关照，但是却使其他班级的学生没有了参照物，没有了领头羊，导致大家的学习成绩都平平常常，没有彼此的竞争，都自甘落后，最后大家的成绩都下降了。如果不分快慢班，情况就不同了，哪一个班级里都自然地形成了上中下三个层次，学生们相互竞争，不甘落后，在这种效应的影响下，班级里所有学生的学习成绩普遍得到了提高。

所以，有时候我们为了使大家产生这种竞争的心理，在工作、学习、生活中就要适当地将一个团体拆分成几个组，然后根据各组的成绩进行表彰，这样常常会产生意想不到的效果。

而在经济领域更是如此。没有竞争，就没有琳琅满目的商品；没有竞争，就没有绚丽多彩的经济生活。

竞争的作用是奇妙的，竞争的市场有无数的买者和无数的卖者，而且各个卖者提供的物品大体是相同的；还由于市场是开放的，任何企业随时都可以自由地进出市场。这些条件的存在，使市场上任何一个买者或卖者的行动对市场价格的影响都是微乎其微的，每一个买者和卖者都不可能左右市场，而只能是市场价格的接受者。

要想获得更高的利润，最好的办法是实行差别竞争，也就是提高商品的科技含量、提高产品质量、改进服务手段、增加或者改进商品的性能等。这些手段从满足不同消费者的偏好入手，满足消费者的更高需求，使市场变得异常丰富。这样，不仅不会引起价格的降低，而且由于商品的不同，还可以提高商品的价格。

另外，经过反复博弈，优胜劣汰的市场机制使新的充满活力的卖者不断进入市场，而那些僵化的、不思进取的企业则被挤到市场之外。为什么我们的市场会呈现出一派如此繁荣的景象呢？经济学家说，因为有新的企业、新的资本、新的人才不断涌入，使市场处于一种不断更新之中，保持了永久的生机。

节俭是一种悖论

"节俭悖论"是凯恩斯最早提出的一种经济学理论，也叫"节约反论""节约的矛盾"。凯恩斯认为在社会经济活动中，勤俭节约对于个人或家庭来说是美德，然而对整个社会来说，节约意味着减少支出，迫使厂商削减产量，解雇工人，从而减少了收入，最终减少了储蓄，造成有效需求不足，阻碍经济发展和产量、就业增加。为了说明这个道理，凯恩斯还引用了一则古老的寓言：有一窝蜜蜂原本十分繁荣兴隆，每只蜜蜂都整天大吃大喝。后来一个哲人教导它们说，不能如此挥霍浪费，应该厉行节约。蜜蜂们听了哲人的话，觉得很有道理，于是迅速贯彻落实，个个争当节约模范。但结果出乎预料，整个蜂群从此迅速衰败下去，一蹶不振了。

凯恩斯的上述观点在现代西方经济学界得到了相当普遍的认同，许多不同版本的西方经济学教科书都相当醒目、相当郑重地向读者介绍阐述这一思想。

在20世纪30年代经济大萧条时期，德宾（E.F.M.Durbin）甚至将"储蓄"说成是"一个特别危险的自我毁灭过程"。凯恩斯则鞭挞了节俭的储蓄者，1931年1月他在广播中断言：节俭将促成贫困的"恶性循环"。他还告诉大家,如果"你们储蓄5先令,将会使一个人失业一天"。对比"储蓄是恶习"的说法,勤俭节约一直作为我国的传统美德被颂扬。然而现在,在我国的一些大城市里,出现了一群独特的"都市月光族",他们薪水丰厚,却几乎没有存款,工资一发就立即花到服饰、化妆品、餐馆酒吧、旅游等方面,一旦花完就开始过着数日子等发薪的贫穷生活,他们年轻、浪漫,有着体面的工作,秉着"钱就是用来花的"心态,周期性经历着从有钱到赤贫的过程。他们这样盲目地消费、支出而不留储蓄,一旦碰上需要用钱的时候,马上就会断粮而陷入困境,因为不完善的社会保障体制不可能把他们的问题全包下来。中国现在大多数家庭还没有真正迈入小康,一部分人还在贫困边缘挣扎,如果没有平时一分一厘地节省,又怎能拿出钱来支付孩子高额的上学费用?又怎能在生病时拿钱购买昂贵的药品?事实上,对于生产力水平较低、经济比较落后的国家,迫切需要积累资金(资本),应该提倡节俭,鼓励储蓄,通过降低利率而增加厂商对资金的需求,总支出不一定会下降。要解决"节俭悖论",关键在于不要让储蓄的资金闲置起来,而是要把储蓄转化为投资,扩大和提高生产能力。因此重要的是银行应增加有效贷款,把钱用到刀刃上。

"节约悖论"被提出来以后,常常使人迷惑不解。根据一般人的常识,一个家庭也好,一个企业也好,一个国家也好,如果大家都挥霍浪费,很快就会吃光喝光,破产衰亡。唐代著名诗人李商隐有两句诗说得好:历览前贤家与国,成由勤俭败由奢。那么,凯恩斯提出的上述观点,又该如何解释呢?

要理解这个问题,关键是要注意到:凯恩斯的国民收入决定分析,是在非自愿失业存在的前提下进行的短期、静态分析。通俗地讲，就是经济陷入了严重的萧条状态，市场上有大量产品积压在仓库中，找不到销路，也就不能计入国民收入统计数字中。显然，如果国民增加消费，积压的产品就能实现其市场价值，从而使统计的国民收入数字增加；反之，如果国民减少消费，积压产品增加，统计的国民收入数字就会下降。这就是凯恩斯国民收入决定分析的实际意义所在，说穿了，凯恩斯提出的"节约悖论"实际上不过是推销积压产品罢了。

从长期、动态的角度来看，人们会将节约下来的钱用于投资，以增加生产能力，从而使经济趋向更加繁荣。相反，若只图眼前享受，大肆挥霍浪费，则会影响未来经济发展，甚至导致经济停滞和崩溃。正是在这个意义上，一般人们强调节约，反对奢侈浪费。

静态地来看，一个人收入越高，其用于消费的比例就越低，但动态地来看，在人们的收入随着时间增加的同时，人们的消费需求也在随着时间的推移逐渐提高，结果消费在收入中所占的比例并不下降。抽象地来讲，个人收入的一部分会用于消费，另一部分则用于储蓄，而储蓄则会通过金融机构转移到厂商手里，用于增加投资。这样厂商生产的产品就会全部销售出去，其中一部分被消费者购买用于消费，另一部分被其他厂商购买用于投资，整个国民收入就实现了充分就业的均衡。但实际上，厂商生产的产品并不会完全销售出去，原因在于产品结构与需求结构不一致。

总之，在学习凯恩斯"节约悖论"时，必须明确凯恩斯观点的前提，弄清凯恩斯使用的分析方法，搞清凯恩斯观点的实质内涵。绝不能不问前提不问条件，随处套用。特别是中国作为一个发展中国家，刚刚进入小康阶段，整个国家经济实力还不雄厚，更不能依据凯恩斯观点，大肆鼓吹刺激消费。让我们跳出凯恩斯短期、静态、总量分析思维的框框，着眼于现实经济生活，换用长期、动态、结构分析的思路，为明天的经济发展着想，继续保持和发扬节约的美德吧。只要节约下来的钱用于投资，用于开发适应消费需求的新兴产品，我们的生活就会变得越来越美好。

闲暇提供什么效用

在传统观念中，闲暇没有什么好名声。"有闲阶层""游手好闲"均是好逸恶劳的别名，有个成语"忙里偷闲"，一个"偷"字也让人觉得理亏气虚。我们的传统观念是崇劳抑闲，提倡劳动光荣，从来就没想过闲暇也光荣。长期的传统教育弘扬蜡烛精神，"燃烧自己，照亮别人"。英年早逝，累死在工作岗位上的英雄永远是媒体宣传的榜样。岂不知列宁早就说过："不会休息就不会工作。"短期内过度地耗费人力资源，是最大的浪费。"小车不倒只管推"是一种愚昧行为，注意保养、注意休整才能让"小车"走更长的路程。闲暇是充电，闲暇是加油，关注闲暇就是关注人力资源的长期使用效率。况且，在市场经济环境下，人们的偏好与选择理应得到尊重。何时劳动、何时闲暇，是行为主体的自由。

改革开放对个人的影响之一是工作负担加重、生活节奏变快。在"时间就是生命，效率就是金钱"的口号下，每个人都较以往变得更加繁忙。且不说父母官们为了自己所辖的那片热土披星戴月，也不讲登上呼啸战车的商人欲罢不能，就是大学里这群读书教书的先生们也早就没有了"两耳不闻窗外事，一心只读圣贤书"的那份淡泊。当市场经济带给我们更多的选择时，时间的机会成本骤然增加。从原来大锅饭时代的混日子、低效率，转变为争分夺秒、投入更多的时间为自己与社会创造物质财富，不用说是一种进步。然而凡事有度，当社会到处充斥着"繁忙"的身影时，"闲暇"就变得稀缺，"闲暇"的效用大大地提升，这个没有被计入 GDP 的社会福利需要我们很好地珍视。

人的一生究竟追求什么？追求财富、追求权力、追求知识、追求健康，说到底，是追求一种快乐。闲暇是快乐的重要组成部分。罗素曾说过："人太忙了，和许多美好的事物无缘。"美好的世界等待着能够发现它们的眼睛。人太匆忙，会走马观花。品味生活的美好，需要闲情逸致。在过分密集的现代生活中，给闲暇留点空间，那就留下了一份恬淡，留下了一份从容，毕竟人生不是为了遭遇生活而是为了享受生活。

据统计，我国白领阶层中 70%以上处于亚健康状态，白发人送黑发人的悲剧一遍遍地上演。繁忙的时候我们容易忙中出错，容易心情烦躁，容易忽视亲友，容易冷落感情，而这些都十分珍贵、千金难买。忘却了他们，你会觉得无论物质生活多么富有，仍旧是两手空空。

世上总有干不完的事，一周 7 日，一日 24 小时，忙得昏天黑地；一周 10 日，一日 36 小时仍然会忙得寝食不安。既然 10 天与 7 天没有什么区别，不如索性假设一周只有 5 天可用，留下两天给自己和家人。

工作繁忙我们应该反思。反思之一，我从事的工作能否发挥我的比较优势，以己之短做人所长自然会事倍功半；反思之二，我的工作是否属于我的职责范围，越俎代庖、大权独揽，均为出力不讨好的傻子。市场经济不承认苦干只承认巧干，不认可苦劳，只认可功劳。在历史长河中，个人不过是沧海一粟，世界上没有丢不开、放不下、舍我其谁的工作。强调闲暇是强调资源配置的高效、分工协作的合理、时间安排的科学。工作与闲暇既有替代也有互补。

经济学中的闲暇并不是指无所事事，"做自己喜欢做的事"是经济学中闲暇的定义。闲暇强调的是个性的释放，强调的是选择的自由。在闲暇的时候你可以随心所欲地追逐自己多年的梦想，在闲暇的时候你可以心无旁骛地挥洒潜在的能量，在闲暇中活出一个真正的自我。闲暇是一种快乐，是一种幸福。在我们追逐能够给我们带来快乐与幸福的物质财富与精神财富时，别忘了闲暇，它也有效用。

什么是覆水难收

斯蒂格利茨在其《经济学》一书中，认为经济学家与普通人的区别之一在于，经济学家计算机会成本，而普通人不计算机会成本。其实，他认为经济学家与普通人的区别还有一个，即经济学家不计算沉没成本，而普通人计算沉没成本。

小杨周末去商场，小李作陪。值得一提的是，小李是经济学专业高才生，因此小李生平最头痛的是在商店里消磨时光。小杨对一件衣服一见钟情，所以，简单地问了问价钱，看了看衣服，还没有试穿，小李就拉着小杨交了款拿衣服走人。回到家，小杨一试穿，问题来了：衣服的扣子竟然掉了两个。小杨认为是小李太急才造成的后果，要一起去退货。没有办法，两人硬着头皮到了商店。谁知售货员怎么也不认账，而且商场中同一型号与品牌的衣服也没有货了。最后他们找到商场经理，经协商，商场同意他们再加100元钱，给换一件某著名品牌的夹克，那种夹克的原价是400元。小杨很犹豫,有些舍不得那100元钱,想找两个扣子凑合着行了。小李则痛痛快快地说:"很划算,100元买了400元的衣服,这种好事哪里去找啊!"最后,在小李的极力怂恿下,这笔交易总算完成了。

路上,小杨问小李明明那件衣服花了430元钱,怎么能说是100元钱呢?小李说:商场不退货,所以,实际上我们先花的330元钱就等于永远不可能再回到我们的口袋了,这在经济学上叫"沉没成本",经济学家是不会把这笔成本计入成本的。所以,在经济学家眼中,后来那件衣服实际上就只是花了100元钱,因此他会认为这笔交易很值得。而如果将原来的330元钱也计入成本,可能会因此不进行这笔交易,那么,不仅穿不上这件合意的衣服,而且实际上前面330元钱也白扔了,因为凑合着穿不合意的衣服完全有可能使你的主观满足程度(即效用)变为零甚至是负数。

不计算沉没成本,其实就是说:过去的就让它过去吧,反正是覆水难收了。尤其是过去所受的苦难,我们更不要去计较,不要让它们成为我们前进的阻碍。经济学从诞生之日始,就具有一种乐观主义的传统,正因为如此,经济学家都习惯于朝前看,而不回头看。

其实,你想一想自己经历的一些事,你会发觉不计算沉没成本竟也不是经济学家的专利,中国普通百姓也有知道不应该计算沉没成本的,尤其是在大事上。比如中国人常讲一句成语,叫"功亏一篑",就是说因为最后一刻没有坚持住,以至于前面所有的付出都化为泡影。我们经常会看到穷困家庭的孩子收到大学通知书时父母坚毅的目光,因为他们的信念是:好不容易已经将孩子送到了大学门槛,如果现在不让他去上大学,那么不仅毁了孩子的前途,而且过去十几年自己所吃的苦也都白吃了。所以,他们宁可砸锅卖铁，也要供孩子去上大学。

当一项已经付出的投入，无论如何也无法收回时，这种投入就变成了"沉没成本"。

还有一个经典的例子可以说明：

有一个老人特别喜欢收集各种古董，一旦碰到心爱的古董，无论花多少钱都要想方设法地买下来。有一天，他在古董市场上发现了一件向往已久的古代瓷瓶，花了很高的价钱把它买了下来。他把这个宝贝绑在自行车后座上，兴高采烈地骑车回家。谁知由于瓷瓶绑得不牢靠，在途中"咣当"一声从自行车后座上滑落下来，摔得粉碎。这位老人听到清脆的响声后居然连头也没回。这时，路边有位热心人对他大声喊道："老人家，你的瓷瓶摔碎了！"老人仍然头也没回，说："摔碎了吗？听声音一定是摔得粉碎，无可挽回了！"不一会儿，老人家的背影消失在茫茫人海中。

老人的反应是不是很让人惊讶？如果是一般人，肯定会从自行车上跳下来，对着已经化为碎片的瓷瓶捶胸顿足、扼腕痛惜，有的可能会经过好长时间才得以恢复心情。

每一次选择我们都要付出行动，每一次行动我们都要投入。不管我们前期所做的投入还能不能收回，是否真的还有价值，在做出下一个选择时，我们不可避免地会考虑到这些。最终，前期的投入就像坚固的铁链一样，把我们牢牢锁在原来的道路上，无法做出新的选择，而且投入越大，我们便被锁得越结实。可以说，"沉没成本"是路径依赖现象产生的一个主要原因！

你的一次考试成绩不理想，你的一次求职失败，你的一次恋爱受挫，会不会让你耿耿于怀呢？如果回答"是"的话，那么有人肯定会笑你，因为时间无法倒流，倾覆之水再难收回，过去的只能让它过去，就像经济学家总是关注机会成本，而不是账面上的会计成本一样，经济学家总是关注于未来，而非过去。这就是经济学家的思维与常人的思维的区别所在，因为机会永远在未来，而不在过去。我们也可以掌握这种思维方式，为自己的未来和现在的选择决策服务。

很多人都知道这样一个故事，美国著名作家、企业家奥格·曼狄诺，出生于一个贫民家庭，但他是幸运的，完成了学业，有了工作，并娶了妻子。但是后来，面对人生的种种诱惑，由于自己的愚昧、无知和盲目的冲动，他犯了一系列不可饶恕的错误，最终失去一切宝贵的东西——家庭、房子和工作，几乎一贫如洗，他只能漫无目的地流浪。终于有一天，他碰到了一位牧师，牧师给了他一本书，他从中发现了自己的潜力，重新做人。他开始重新找工作，从卖报人、公司推销员到业务经理……其中饱受辛酸，但他已经不可战胜了，最后他创办了自己的企业帝国，并撰写了一本名为《世界上最伟大的推销员》的书，这本书说的就是著名的羊皮卷的故事，故事中主人公的经历就是曼狄诺本人的种种困苦和艰辛的遭遇。这个故事激励了一批又一批的人从失败、错误的阴影中走出来，最终走向成功！

我们与其为已经过去的种种失败、错误悔恨内疚，还不如忘记过去，吸取教训，重新选择新的人生道路，因为过去的所有投入、付出都如往日云烟，无法回收。这种已无法挽回的过去的投入、付出的成本，我们常常称其为"沉没成本"，就好像永远沉没在太平洋的海底深处一样，再也不可挽回。对于沉没成本的"选择"，就是不要再去考虑它的存在，因为那已经过去了。不管"沉没成本"是多少，对于未来而言都是毫无意义的，只有彻底地放弃沉没成本，我们才能生活得更好。

适度娱乐提升生活质量

实际上,娱乐业是一个非常宽泛的行业,宽泛到难以界定。比如奥运经济既是体育经济,也是娱乐经济。当娱乐产业的新浪潮席卷全球的时候,我国的娱乐业尚处于启蒙的阶段。娱乐经济学大师沃尔夫在《娱乐经济》一书中高瞻远瞩地指出:"全世界都在收看收听美国的电影、音乐和电视,很容易使人们认为美国就是娱乐业的中心。事实上,美国的观众只代表全世界眼球的4%,而中国却是一个潜在的22%。"根据2002年《中国统计年鉴》的资料,2001年,中国第三产业产值只占GDP的38.7%,其中,娱乐业产值只占GDP的0.9%,而娱乐业的就业人数只占全部就业人数的0.2%。而1990年美国消费者在娱乐性商品和服务方面总共花掉了2800亿美元,占全部消费开支的7%,这一数字是消费者1990年购买新车花销的3倍。这种状况固然与我国经济发展水平不高有关,但还有更多复杂的因素。

娱乐是使人快乐或感到有趣的活动,从本质上讲,娱乐是人的天性。古往今来,人们无时无刻不在憧憬着娱乐的天堂,去从事各种各样的娱乐活动,并不断地发现和创造着新型的娱乐活动和方式,在娱乐的幻想和实践中获得一种人生的满足和愉悦。但是,中国人讲究勤奋、节俭,认为娱乐是玩物丧志。老子说:"五色令人目盲,五音令人耳聋,五味令人口爽,驰骋畋猎令人心发狂。"也就是说,只会享乐就让人身心受损。

但事实上,越来越多的人已经认识到,娱乐活动在人类发展过程中具有不可替代的作用,人不是工作的机器,而是一个自然的人、社会的人,具有娱乐的天性,需要通过适度娱乐来放松身心,缓解工作压力,提高工作效率。人类本来就是趋好娱乐的,只是由于历史和文化背景的不同而具有不同的表现形式和表露程度,我国受几千年封建专制制度的影响,过去人们不敢娱乐。但在经济全球化和市场化的今天,整个人类都在找回自身娱乐的价值和尊严,人们有更多的可能性去表现娱乐的信念与权利,也有能力去经营娱乐的消费价值。正是在这种情况下,娱乐业成了一个极受欢迎并正在急剧变化的国际性产业。

娱乐需求追求的是一种情调、一种感觉、一种文化,寻找的是一种情感的归宿。娱乐是现代社会的产物,它不仅与产业和经济有着密切的联系,更重要的是它所体现出来的文化意义和社会意义。娱乐不仅标志着人已经从繁重的体力劳动中解放出来,而且标志着人从满足现实的基本生活需要转向对精神生活的向往。娱乐的需求因人而异,是纷繁复杂、变化多端的,根据年龄、性别、职业、性格、气质、爱好、兴趣、修养、文化程度、收入水平、传统习惯、文化积淀、风俗等不同情况和特点,人们会寻找不同的娱乐形式和项目,从娱乐中获得一种身心的舒畅,提高生活的满意度和幸福感。适度的娱乐可以增加个人的智慧,使人们在消费中增长见识、开阔视野、陶冶情操、启发智能、活跃思维。娱乐还有利于促进人们的身心健康,随着社会的发展,人们对工作与娱乐的关系认识得日益透彻,"紧张中有一份洒脱,松弛中有一份紧张"已经成为越来越多人的生活信条。无数的调查统计表明,心怀坦荡、心情愉悦、情绪健康,并有一定的娱乐爱好,适度娱乐的人,不仅生活质量属于上乘,寿命比较长,而且学习和工作效率更高,更具有团队精神和合作精神,更善于与他人和谐相处,更会以积极的态度对待人生和工作。因为善于适度娱乐的人,有一种"物我两忘"的高度体验,有一种"这个世界多么美好"的高尚精神世界。这种精神世界不是金钱可以买到的,它大大提升了人们的生活质量,使我们用更少的钱获得了更高的效用。

健康就是财富

据某年发布的"健康调查报告"显示,导致早死的原因是:疲倦、莫名地烦躁、容易生病、白天疲乏、晚上睡不着,从而导致身体功能弱化,疾病难以根治。

从上面的例子和数据可以看出,生命的加速折旧是一种典型的"过劳死",是长期慢性疲劳后诱发的猝死,即由于工作时间过长、劳动强度加重、心理压力太大而导致精疲力竭,引起身体潜藏的疾病急速恶化,继而出现致命的症状而死亡。一般来说,"过劳死"是由"亚健康"诱发的,由于长期积重难返而引起身体疾病急速恶化,救治不及而死亡。"过劳死"的人大多数是不知道保养身体事业心十分强的人、工作狂、超长时间工作的人、上夜班多且工作时间不规律的人、长时间睡眠不足的人、自我期望太高的人、容易紧张的人、几乎没有休闲活动和嗜好的人。

这些"过劳死"的人一般都还很年轻,大多数是知识分子,从小学到大学,再在工作岗位上锻炼,国家和社会、死亡者家庭都为其人力资本投入了相当多,生命的加速折旧,不仅是个人和家庭的损失,也是国家和社会的损失。可见,不注意健康,超负荷工作,导致健康的损失,就是损失了家庭和社会的财富。

只有体验了不健康的苦恼的人,才知道健康是人生第一财富。在生活水平较低时,人们认为无病就是健康。随着社会的发展和人们生活水平的提高,我们知道没有病不等于健康,在健康和不健康之间还有亚健康，在身体健康之外还有精神健康和心理健康。现在，较为普遍接受的观点是世界卫生组织（WHO）对健康的定义："健康是个人身体上、心理上和社会上的完好状态。"也就是说，健康包括身体健康、心理健康和社会适应能力良好，只有在这几个方面都健康的人才是真正健康的人。

个人健康作为一种经济物品是个人人力资本价值的主要构成之一，因此，个人的健康也需要投入，也就是说，健康是一种使用市场投入和个人时间而生产出来的一种经济物品。投入包括两部分：一是市场投入，二是个人投入。国家的公共卫生服务、医疗和保健费用支出、医院的设备使用、医生的劳动等，都属于市场投入；个人投入是指每一个人用于日常保健、休息和锻炼的时间，当然，也包括个人医疗的花销。

一个身体健康的人，往往比一个身体不健康的人更容易快乐；一个精神健康的人，有较好的自我调适能力和人际关系处理能力，心情愉快的时间会比精神不健康的人多。同时，身体健康和精神健康又是互相影响、互相依存的。可以说，健康带给我们的舒适感，并不是虚无缥缈的，它和食物、水一样，是我们生活中较为基本的需求之一，当然，这种需求的层次比单纯生存的需求层次要高。生存需求得到满足后，人们才会有健康需求，才会花费时间和财富，为自己的健康进行投资，从而享受健康带来的舒适和快乐。

人是一种有价值的资本，个人的人力资本是经济增长和财富创造的源泉，也是个人财富的源泉。一个健康的人才能正常地从事工作，创造财富，或者说，健康的人比不健康的人工作效率更高，劳动价值更大。教育带来了知识和技能，却不能代替健康。作为人力资本的重要组成部分，健康影响着人力资本的产出，它使一个人工作的时间增多，工作效率提高，间接地参与了社会生产和再生产，正是因为这样，健康的人比不健康或亚健康的人，其人力资本价值更大，潜在的财富更多。而不健康的人，由于生命的风险更大，其人力资本价值会降低，因为，不健康的人，其人力资本发挥的作用会受到其健康状况的制约，甚至于自己创造的一部分财富被不健康的身体耗费。所以，健康是个人的真正财富。毕竟有了健康的身体，即使暂时财富比较少，也可以通过自己的劳动创造更多的财富；而不健康的人，即使财富多，也可能因为健康差的原因，使自己的财富被医疗费或生命风险剥夺。

那么，健康的价值有没有一个量化的标准？健康保险的引入，为健康的估价提供了一个有力的依据。从世界范围来看，在健康保险比较发达的国家和地区，健康保险的投保金额等于人们享受医疗服务的限度。人们认为自己的健康价值多少，就会投保相应的保额，为自己的健康买单。

亚健康与工作

一个人没有生病不等于健康，在健康和不健康之间还有亚健康。健康是个人身体上、心理上和社会上的完好状态，或者说，如果一个人身体机能不能正常地发挥作用，疲倦、莫名地烦躁、疲乏、失眠、长期睡眠不足、身体机能不能正常地得到恢复、心理适应能力差、压力大等，都是处于亚健康的状态。"过劳死"是长期的亚健康没有引起注意和重视的结果，积累到一定程度就容易引发生命危险。所以，亚健康必须引起足够的重视。

亚健康主要与工作有关。首先是与个人所从事的工作性质有关，从上面的探讨我们知道，我国的知识分子是亚健康的主要群体之一。为什么知识分子最容易处于亚健康状态呢？这有多种原因：由于我国科研体制受传统的计划经济体制的影响仍然比较大，科研人员受到的来自上面的压力大，一般的知识分子不太善于处理人际关系，知识分子的人际关系比较复杂，科研环境不宽松，知识分子忧虑比较多，心理负担重；知识分子长期从事脑力劳动，用脑过度和长时间的精神紧张容易引起身体功能紊乱；知识分子一般成就感很强，容易长期处于身体的亢奋状态；许多知识分子不太注意锻炼身体，不愿意休闲、放松自己，很多人体质比较差，又不注意劳逸结合，从而导致免疫功能降低。

随着住房制度改革、高等教育收费改革、医疗体制改革和人事制度改革的逐步推进，随着竞争的加剧，个人特别是年轻人，在城市生活和工作的生存竞争压力越来越大，要想生活得舒适一些，就必须多赚钱，金钱是生存和生活的基础，没有这个基础，谈恋爱、结婚、买房、消费、交友、升迁、自我发展和提高等方方面面都无从谈起。所以，现在的城市年轻人特别是来自农村的大学毕业生，都面临着过重的学习、工作和生活压力，许多年轻人在各种压力大的情况下，不得不拼命赚钱，只要有足够高的奖金和工资，不少年轻人都愿意加班加点，甚至于一些人认为，年轻的时候可以拿生命换钱，年龄大了再拿钱换生命。正是在这种情况和思维条件下，超时工作、亢奋工作、不愿休闲和放松，才容易导致生命风险。

亚健康影响了工作的效率，工作效率又与收入高低息息相关，于是，一些年轻人在生存压力下，不得不更加超时、超负荷地工作，导致身体状况恶性循环，等到发现问题时，为时已晚，生命也走到了终点，生产资本报废，造成巨大的沉没成本和社会成本。

所以，年轻人应该重视自己的生命风险，虽然社会环境因素个人无能为力，但自己的生命毕竟比金钱更重要，生命的加速折旧是很不值得的事情。在现有条件下，保护自己生命的最好办法就是不能对生活的期望太高，特别是在我国人口众多的条件下，人们争夺有限资源的竞争将可能长期激烈，因为人口多，而生存资源又有限。降低自己的期望值，不为钱而生活，为自己而生活，才能使自己获得解放。只要生命保存，总会有赚钱的机会。更何况有钱不一定就幸福，幸福是一种感觉，有时穷也有穷的幸福。更重要的是需要将健康的内在价值和外在价值统一起来，如果只是重视健康的外在价值，往往会得不偿失。

亚健康是人体在健康和病态之间的一种状态。据世界卫生组织最新资料，真正健康的人在全世界只有15%左右，而真正有疾病的人也只有15%左右，其余70%的人均处于亚健康状态，其中，尤以青年白领阶层最为严重，所以，我们大多数人都有必要摆脱亚健康状态。由于人们对防治亚健康没有给予足够的重视，致使受亚健康困扰的人数日益增多。

要防止亚健康状态的产生，必须从我们的衣食住行、生理健康、心理健康等多方面进行调整。因为人是一个统一的整体，人和大自然也是统一的整体，我们应当遵守人类通过几千年总结出来的24小时起居规律，养成主副食搭配、荤素搭配、戒烟酒的饮食习惯，学会顺其自然、适度放慢生活节奏，懂得释放和发泄、沟通和倾诉、放弃和享受，把生活当作是一种快乐，特别要懂得通过娱乐、健身、旅游等休闲方式放松自己的身心，并保持一种平和淡泊的心态，坚持少吃多动的健身之道。

如何以最小的成本保持健康

要保持身体的健康状态，关键是及时发现自己是否处于亚健康状态，在重视健康的外在价值的同时，把健康的内在价值放到首要的地位，增加对健康的投入。健康是人力资本的主要组成部分，一个人只有在健康的状态下，才能更好地投入到工作中去。

既然健康是人力资本的重要组成部分，那么，要保持身体的健康就需要投入，包括时间的投入、精力的投入和金钱的投入。如果等到自己的身体已经出现亚健康状态，甚至是超负荷运转状态，等到自己得了什么疾病的时候再进行投入，就等于身体这个机器已经损坏比较严重了，非得进行"大修理"不可，这时的投入必然很高，而且不一定见效。个人生命的风险从一出生就存在，而走上工作岗位后，生命的风险逐渐增大，人的身体功能一般在35岁就到达了顶峰，此后就开始走下坡路了，预防生命的风险必须尽早开始，才能以最小的成本保持身体的健康。

身体健康包括身体素质即体质的健康和心理健康，那么，预防生命的风险，保持身体健康状态就需要从这些方面着手。从年轻时开始养成良好的学习、工作和生活习惯是以最小成本保持身体健康的最好方式。所谓习惯成自然，养成良好的习惯只需要21天，但毁掉一个良好的习惯只需要一天甚至一个小时。一些年轻人之所以身体素质比较差，是因为在学校学习的时候就爱开夜车，为了考上大学，废寝忘食，一天学习十几个小时，超负荷学习，不仅效率降低，也影响身体功能的恢复，造成身体素质低下。学习并不是时间越多越好，关键还在于持之以恒，每天坚持学习，哪怕学习时间少，长期积累，学识就会很渊博。每天坚持学习，在学习之余，也花些时间放松放松，让学习和休闲合理搭配，这样既能够提高学习效率，又最容易保持健康的体魄，付出的成本也比较小。

从参加工作开始就需要养成良好的工作习惯。在工作上，首先制订好一个周详的计划，给自己制定一个工作守则，按部就班地开展工作，有条有理，循序渐进，今天的工作今天完成，绝不拖拉，同时保持足够的休息时间，让自己的身体功能能够及时恢复。这样，工作效率自然比较高，做工作也更容易开心，就不容易把工作看成是一种负担或负效用。如果平时工作拖拖拉拉、敷衍塞责，到了需要交差的时候就会手忙脚乱，不得不开夜车、加班加点，而一旦工作效率降低，被领导批评，或加班加点时间太长，工作就成了一种负担。长此以往，恶性循环，时闲时忙，不仅工作效率降低，自己的身心也受损。

良好的生活习惯更是一个人保持健康身体的基础。生活习惯首先是卫生习惯，俗话说："病从口入。"我们大多数人得病都是因为吃的方面没有把握好，如吃得不干净、吃得太多、吃得太油、吃得太生、吃得太熟、吃得太单一。现在，虽然蔬菜、肉、蛋、奶等食物供应十分充足，但很多蔬菜都有残留农药，越是长得好的蔬菜，越容易残留农药。所以，自己做菜时需要多加注意，最好在水中浸泡半个小时，洗干净一些。肉、蛋、奶中，有的添加了激素，有的含"转基因"，吃得太多，对身体不好，适量才是健康的根本。吃太多油腻的食物、过量吃生食、偏食、多食也是导致一些疾病的原因，所以，定时、定量、多样化、荤素搭配、适量放油、炒菜时间不长等，是养成合理饮食习惯的主要环节。个人卫生习惯也很重要，保持身体的卫生，保持厨房、卧室、床铺的清洁卫生都是健康的必备条件。

人一过了 35 岁就需要注意保养，及时对自己身体内的零部件进行"修理"。比如，经常使用电脑、看书的人，通过多眨眼，在旁边放一杯热水，可以保持眼睛的湿润。城市中空气污染严重，空气中有毒物质含量比较多，所以，需要经常用冷水给鼻子洗澡，清洁鼻子，保持鼻子的清洁。经常活动髋骨、腿骨、腕骨、臀骨、踝骨，可以防止骨质疏松和缺钙，可以保持脚的健康状态，防止脚老化。不时吃些苦味、甜味、酸味的食物，可以调节肝、脾、心、肺、肠道等功能，防止内脏功能的减退。身体功能出现问题，不能因为学习忙、工作忙就拖拉，不及时治疗，时间一长，容易出现大问题。当然，身体的保养还需要劳逸结合，适当休息、休闲。

坚持锻炼身体，慢跑、骑车、登山、游泳、打球、在健身场所锻炼都是必要的，只有加强身体锻炼，使自己的体魄增强，才能增强身体的免疫力，减少生病的概率。生病吃药也需要通过肝脏排毒，增加肝脏负担，所以，为保持身体的健康，应尽量少吃药。

第二章　职场中的经济学

哪些因素影响劳动价值

　　劳动是人区别于一般动物的本质特征，劳动创造了人，劳动创造了物质产品和精神产品，并推动人类社会不断进步与发展。劳动是指人的体力和脑力的付出，它是人类社会存在的基础，是一切人类社会主要物质财富价值的来源。

　　劳动价值就是指劳动所产生的价值，也就是个人劳动被社会承认和接受的部分。人作为一个社会性的总体，个体劳动必须转化为社会劳动，只有转化为社会劳动，才有价值。如果个体劳动不能被社会承认，不能对社会产生影响，这就是一个绝对孤立的劳动，是与他人和社会不相干的劳动，因而也就没有价值可言。就比如，一个人挖了一个鱼塘，买来一些小鱼养殖，但由于养鱼技术不好而导致所养的小鱼全部死掉了，这个人的挖鱼塘、养鱼的劳动都是白费力气，没有得到社会的承认。又如，一个人写了一部小说，拿到出版社去想出版，但由于写作质量等诸多问题，所有出版社都不愿出版，因而其劳动的价值也就没有得到社会的承认。

　　劳动所得一般是指因劳动付出所得到的物质性回报，包括物质资料和货币等形式的回报。要取得物质性的劳动所得，必须符合两个条件中的一个：一是必须是从事物质性劳动，取得物质性劳动成果；二是与他人进行劳动交换，用自己的劳动换取自己生活所需要的、自己不能生产的其他生活物品。但是，人的劳动不仅取得物质性的劳动产品，还可能取得非物质性的劳动产品，如知识、经验等。

我国的分配方式是以按劳分配为主，其他多种分配方式并存。按劳分配中的这个"劳"包括劳动的质和量，一个人的劳动价值首先取决于本人劳动的质和量，即这个人所从事的劳动是简单劳动还是复杂劳动，也就是取决于个人的人力资本价值。简单劳动不需要多少知识和技能，不用培训，只要有体力就可以干，干一般的农活、搬运等工作就是简单劳动；复杂劳动是需要一定的知识和技能，需要经过一定时间的教育和技能培训才能从事的工作，像会计师、工程师、技师、大学教授等工作就需要相当的知识水平和技能。一个人劳动的复杂程度取决于其人力资本价值的大小，人力资本价值大的人，可以从事更加复杂的工作，其劳动的质量高。也就是说，一个人的劳动价值首先取决于其人力资本价值的大小。而决定人力资本价值大小的主要因素就是其所接受的教育和技能培训的多少。所以，上过大学的人一般比没有上过大学的人劳动价值更大，工资更高。劳动的质和量还取决于个人工作的努力程度。努力工作，把全部身心都投入到工作中去，其劳动的质和量都比较大；反之，没有努力工作，懒懒散散，工作不负责，尽管其人力资本价值比较大，也有可能其劳动价值比较低。

是不是一个人受过更多教育与培训就一定能够取得更高的收入呢？一个人的劳动价值大小、工资高低还受到众多社会经济因素的制约。随着社会经济的发展，社会分工越来越细，人们只能做三百六十行中某一行的一个细小环节，这样，一个人的劳动价值不仅与其劳动的质和量有关，而且与其所工作单位的经济状况有关。如果其所工作的单位经济效益好，那么这个人所从事的工作就可能完全被社会所承认或基本被社会承认；如果其所工作的单位经济效益不好，其所从事的工作就有许多得不到社会的承认。所以，尽管有的人其人力资本价值比较高，从事的工作也是复杂劳动，但其所获得的收入即其劳动价值好像并不高，甚至比他人力资本价值低的人所获得的收入还低。还有不能排除的重要因素就是一个人的社会关系的多少，社会关系多的人，可以通过关系到效益好、收入高的单位工作；没有什么社会关系的人只能在经济效益不那么理想的单位工作，从而其劳动价值也受到其社会关系多少的制约。

劳动价值大小还要受到宏观经济状况的制约。在经济趋热、需求旺盛时期，由于产销两旺，其所付出的劳动有更多被社会和市场承认，劳动价值自然就比较高；经济萧条、通货紧缩时期，由于市场比较疲软，其付出的劳动有一部分没有得到市场的承认，劳动价值也就比较低。

劳动价值的大小还与劳动力的供给与需求状况有关。如果在市场上，劳动力的供给过剩，企业对劳动力的需求没有那么多，企业就会对员工挑三拣四，要求严格，有意压低工资，员工的一部分价值没有得到企业和市场的承认，员工的工作积极性会在一定程度上受到影响，其劳动价值就比较低；如果在市场上劳工不足，但消费需求旺盛，劳动力就有更多的主动权，员工工资自然会提高，员工的工作积极性上升，会更加努力工作，其劳动价值也比较大。在劳动力市场上，一个人的劳动价值大小，或其所得到的收入的多少取决于其劳动的边际生产力，也就是企业雇佣了这么一个员工能够为企业带来多大的生产能力或经济效益。

总之，一个人的劳动价值受到多方面因素的影响，包括其人力资本价值的大小、工作的努力程度、所在单位的经济效益状况、宏观经济状况、劳动力的供需状况等。

今天工作不努力，明天努力找工作

一部分年轻人在现在竞争十分激烈的劳动力市场上，还是比较明智的，先就业，后择业，只要有一个落脚的地方，赶紧签约，找个单位再说，至于这个单位自己喜欢不喜欢、这份工作自己适合不适合，先不管，等有了一个落脚地，再去谋求发展，谋求自己更高的职业理想。

先就业，后择业，在时机成熟的时候再寻求自己更好的发展机会，是年轻人特别是大学生利益最大化的理性选择。作为年轻人，人生的道路还很长，自己在人生中有所成就，不仅可以实现其抱负和理想，而且也为后代打下了扎实的经济基础。抓住青年时代的大好时光，在该拼搏的时候拼搏进取，就不会在将来年纪大了的时候后悔莫及。但是，也有的年轻人在这方面急功近利，对自己过高估计，对走向社会、工作岗位的种种复杂情况缺乏理性的分析和鉴别，这山看着那山高，一心只想往高处走，对自己目前的工作只是应付，把主要的心思和精力都用在自己未来的个人发展上。有的年轻人到了单位不久就把主要精力用来学习外语，准备考托福、GRE；或者到外面去找同学、亲朋好友和其他社会关系，准备找到更好的归宿；或者刻苦复习外语和专业功课，准备考研；或者频繁到人才市场去碰运气；或者频繁参加公务员、事业单位招聘考试等。他们认为，反正迟早要离开现在的单位，工作也不需要这么出色，只要能够交差就行了。

作为一个经济实体,任何单位都会寻求利润的最大化,要寻求利润最大化,单位领导必然关注每个员工的工作效率,只有每个员工的工作效率提高了,单位的经济效益才能得到提高,这是任何经济实体的理性行为。特别是在当今市场竞争、人才竞争激烈的社会,单位都是以经济效益为中心。在当今的市场上,企业和单位居于主导的地位,而员工则居于从属地位。一旦某个员工对工作只是应付,把主要的精力用在自己的事情上,单位的同事和领导肯定会发现这个员工"身在曹营心在汉"。如果同事和领导出于好心,可能会比较委婉地表达"我们需要你,你就安心工作吧"之类的意思;如果同事和领导认为这个人三心二意、朝三暮四,对同事、单位不忠诚,品格有问题,很可能暂时不说这个人,而是继续观察,等待其行为的暴露,等待机会,抓住这个人工作上或其他方面的错误,给他一个打击。在这个过程中,这个人与单位就是一种相互的算计。我们假定这个不安心工作的人是A,其算计见下表。

不安心工作的人情况计算

	单位对A说:"我们需要你,你安心工作吧。"	单位不说:"我们需要你。"而是暗中观察A的行动
A说:"我保证今后好好工作,请领导监督我。"	单位放心,但还可能观其行动;A安心,两情相悦	A依然应付工作,不顾他人感受。A与单位的矛盾可能暴露
A不说:"我保证好好工作。"暗中却加紧自己的行动	单位对A不满,但是,A不知道;A还自认为自己聪明,其行为没有被人发现	单位和A均不向对方表露,单位和A的矛盾逐渐显露,A一意孤行,二者展开对垒

在这种个人和单位的相互算计中，到底谁最终会输呢？如果 A 在进单位之前就已经有比较好的知识和能力基础，只是自己关系不够、运气不佳，不得不到这个单位工作，而且 A 为其未来的选择早已做好准备，其行动经过了比较长的时间才被单位同事和领导发现，等到他们发现时，A 已万事俱备，只欠东风。在这种情况下，A 赢的可能性比较大。毕竟，同事和领导也不愿意随便去得罪一个在未来与之不太相干的人。

但是，在大多数这种员工与单位的相互算计和对垒中，个人赢的可能性比较低。因为，在当前的劳动力市场上，企业和单位居于主导地位，个人根本没有什么力量。个人在单位的表现，不仅直接影响着单位的经济效益，而且影响着同事的工作热情，领导不处理这种对工作不负责任的下属，可能会让所有下属产生情绪，整个单位的工作效率难以提高，甚至某人在单位工作不好的表现被写入档案。这样，A 就很可能被单位领导作为对工作不负责任的典型被处理，或者下岗，或者被单位开除。不管是被开除还是下岗，都需要重新找工作，而其在单位的不好表现也极大地影响能够找到工作的可能性，因为任何一个单位都不愿意录用一个对工作不负责任的员工。这种情况很可能会影响比较长的时间，甚至影响他的一生。

过去，在计划经济时代，大家干好干坏一个样，干多干少一个样，基本上是"铁饭碗、铁工资"，但随着市场经济的发展和社会的进步，绝大多数单位都强调经济效益，需要每个员工都尽心尽意、尽职尽责地干好自己的本职工作，这是时代的要求，也是领导的责任。所以，一个人只有在干好自己的本职工作的条件下，才可以谋求自己更好的发展前景，只有在生存问题解决以后，才能谈发展问题。

跳槽是否理性

小崔是一名有几年工作经验的求职者,跳过几次槽。新年长假后的两个周末的招聘会,他都在其中寻找新的就业机会,应聘了几家公司,发现一个问题:招聘方非常注意其跳槽经历,有的甚至会询问他每次跳槽的原因。他后来不时翻翻报纸,从中也看到有不少关于求职的报道,说是用人单位比较忌讳频繁跳槽者。但频繁跳槽究竟是个什么概念?什么样的跳槽理由才是招聘方能接受的呢?他对此产生了一些疑惑,想有个答案。

怎样才算频繁跳槽,这和行业特点有关。比如,对于 IT 行业来说,行业本身的特性就是人员流动性较大,通常在一个公司工作少于一年就跳槽算是频繁了。而在有的行政事业单位,特别是纯粹的业务部门和管理部门,其工作是相对比较稳定的,而且培养和锻炼一个合格的业务人员和管理人员需要几年的时间,跳槽对单位的工作安排会产生比较大的影响,所以,几年一次也属于频繁跳槽了。但更重要的还是要看求职者给出的跳槽理由是否合理,总的来说,如果求职者给出的跳槽理由和他的职业设定相符,那么是可以被理解、接受的。例如他的学习能力特别强,而所在的公司发展空间有限,自身的职业发展受到限制等。另外,一些行业,由于客观原因导致员工跳槽的例子也很多,比如公司"关门"了,公司和其他公司合并成立新公司,所处的职位被调整了,新公司的主营业务和自身的兴趣爱好不一致等,这些理由也是合理的。如果求职者根本给不出一个合理的跳槽理由,比如说是因为原公司所开的薪水太低,这会让应聘单位认为他是奔着薪水来的,而不是奔着工作来的,就会觉得这个人不可靠。

对于新近几年毕业的大学生来说，一年跳一次还是可以理解的，因为他们在当初找工作的时候对自身的定位并不清楚，这是很多大学毕业生都存在的问题，尤其是在"先就业，再择业"的形势下，他们要通过不断地尝试来确定自己的职业定位。对于一些已经有一段工作经历的人来说，他们应该已经确定了自己的职业发展方向，而频繁跳槽只能说明他们在其他方面存在问题。最让人接受的理由是，求职者对自身的职业发展有想法，并且很明确自己的职业发展方向，而跳槽是符合职业规划的。但并不是说所有的企业、所有的职位都喜欢稳定的人，排斥跳槽次数多的人。相反，过于求稳的人会被认为缺乏活力、不敢接受挑战、创新能力不够等。

跳槽者最为关心的就是如何最大限度地化解跳槽风险、减少跳槽成本。最保险的做法是不要急于辞职。先干好本职工作，同时，瞅准机会，一旦有了跳的可能，就迅速抓住机遇。现在很多精明的人都明白，在和新东家谈好之前，不要露出任何蛛丝马迹。跳槽是一门学问，也是一种策略。人往高处走，这固然没有错。但是，说来轻巧的一句话，它却包含了为什么要"走"、什么是"高处"、怎么"走"、什么时候"走"，以及"走"了以后怎么办等一系列问题。

从表中可以看出，如果跳槽的思考和准备全部达到一等的程度，各方面准备相当完备，其跳槽的成功率肯定比较高，能够为将来的发展奠定良好的基础。如果在"走"的过程中，有一个或者几个环节是二等或三等的准备程度，那就很可能在这个环节出现问题。往往一个环节的问题会波及整个"走"的成功率，并影响自己将来的发展和自己在原单位领导心目中的形象。在跳槽的过程中，关键是在和新东家谈好之前，不要露出任何蛛丝马迹。

否则，跳槽就容易遭遇"滑铁卢"。

跳槽决策表

思考和准备度	为什么要"走"	什么是"高处"	怎么"走"	什么时候"走"	"走"后怎么办
三等	收入偏低	收入高	盲目"走"	迅速"走"	一"走"了之
二等	工作不顺心，没兴趣	同事和领导好	脚踏两只船	等待一段时间再"走"	瞻前顾后，两边的关系没有处理好
一等	谋求更好的发展，寻找适合于自己的职业	学习和发展机会多，职业适合其兴趣	先干好本职工作，暗中准备好"走"的条件	先等待时机，或创造时机，等机会到了，及时"走"	向原单位坦诚说明走的原因，求得理解；在新的单位安心工作

职场中的处世哲学

如果你是一名下属，那你在工作中难免遇到类似"华盛顿合作定律"的困境。即：一个人敷衍行事，两个人互相推诿，三个人则永远无成事之日。这就需要你将"华盛顿定律"的可怕影响降到最低，适应你的上级。

每个上司都贤明公正，那是我们梦寐以求的。然而，事实并非我们想象中的那么完美，现实的做法是了解每个上司的风格，并找到相应的解决办法。你一定碰到过蛮横型的上司，他们习惯颐指气使，要求每个人都言听计从，不考虑实际情况。面对这种上司，逃避与反抗都毫无用处。下面的一些策略教你如何应对：

（1）不让你的情绪受到上司的影响：试着学习从完成任务本身获得满足感，而且不要太看重上司的评价。

（2）把工作仅当成是一份工作而已：很多人因为工作的不顺而产生不良的情绪，他们甚至把这种情绪带到家庭和生活中。因此，你最好在下班以后就忘掉工作。

（3）让自己更加冷静：每一次当你和上司发生争执时，最好保持冷静，用具体事实为自己说话。

（4）看穿老板的心思：每一个蛮横的上司都有弱点，聪明的下属会掌握这些弱点，并善加利用。工作中你也许会遇到一种"变色龙"上司，当你向他提出一项好建议时，他会立即表示"百分之一千"支持你的计划，甚至把他坚决支持的方面都点出来。于是你拼命地工作，以为从此会一帆风顺！然而，你无法想象，当你的上司开始过问这个计划时，一切都完全改观，整个计划在顷刻间被取消。告别了"一帆风顺"后，"愁云惨雾"在前面等你。对付这种"变色龙"上司，最有效的方法就是"往下挖"。举例来说，刚刚提到的这位"变脸上司"经常根据"管理高层要什么"来做事。你要做的其实很简单：征询"上上级那些人"的意见，投入一项计划，然后再向这位"变脸上司"解释"上上级"认同这项计划的原因，通常，这位上司都会点头接受。其实抬出"上上级"这招，比想象的简单。

与"变色龙"相比，非常固执的上司显得更加难以对付，因为每当有人向他提出新点子，都会被他大泼冷水。遇到这样的上司，下属除了自叹命苦，也就只能尽力投其所好、言听计从了。这也并不保险，因为这位上司有时竟然连自己的想法都照样推翻！除了上面这3种上司之外，还有一种上司，这类上司就算是火烧眉毛了，他也会不紧不慢地抽烟。这种上司简直可以当"核废料场"——任何东西到了他那里,都会石沉大海,有去无回。

与一个无法变化、没有弹性的上司相处,不是件简单的事。有时候,求助于公司里的其他部门是让他改变想法的最好办法。你不一定要做得像是在打小报告或越级投诉,但如果能找到一个让你上司尊敬的人,为你的想法而不是为你自己美言几句,或许能有些转机。

应付这种"固执"上司的另一个方法,就是接受他的意见,让他渐渐接受你的想法。刚开始,你可以表示支持他。告诉他,你正试着执行他的主张。一旦他知道你支持他,他就可能改变态度。接着,你可以一步一步地发表你的看法,让他知道,你这么做是为了强化他的主张,让他的想法可以成功实现。当然,这种做法并不是十分完美的。如果你能同时享有充分的发言权,又能让自己的想法获得应有的重视,无疑是最理想的。

但现实情况是:你和你的上司——不管他是善变型或一成不变型——并不是处于平等的地位,他的权力比你大,说话当然也比你大声。不过,如果你能时时注意这几点,或许会有意想不到的结果。

职场共赢 6 法则

虽然竞争无处不在,会给人带来压力,不过也正因为这样,人类才拥有更多的成就与辉煌。玫瑰与刺相遇,各自告别了俗艳与尖刻,成就了傲视群芳的铿锵之花;乔丹与皮蓬相遇,各自告别了独角戏与狂傲腔,成就了历史上的神话公牛;你与我在职场中相遇,就应该告别猜忌与功名,成就双赢的和谐篇章,垒起更高的人生峰塔。

那么应该如何去做呢？你不妨遵循以下职场共赢6法则。

1. 尊重差异

尊重差异，不挑剔、不嫌弃；人与人的相处，贵在包容；肯定自己的选择，接受自己和对方之间的差异。这些说起来简单，做起来不容易。

刘键毕业于一所名牌大学，几年的市场实战历练，使他羽翼渐丰。经朋友介绍，他从广州来到武汉，到某公司市场部就职。由于有扎实的专业知识、大公司里积累的工作经验，大方开朗的他深得领导青睐。

一次，公司在内部广征市场拓展方案时，经理在分配任务时提醒：作为尝试，刘键与几名"后起之秀"，可以每人单独完成一份，也可以合作完成一份。

凭借着在大公司工作的经验，以及对市场行情的把握，刘键决定单挑。他花了整整一个星期时间，细斟慢酌，搞定了"大作"。报告上呈后，经理的评价出乎他的意料："缺少了本地化的东西，操作性不强。不过，你的宏观视野很开阔。"之后，经理把几名"后起之秀"叫到一起，让他们分别揣摩彼此的方案。

在经理的"撮合"下，他们将各自方案中的亮点进行了提炼和重构，结果，新方案被老总评优采纳，列为最终方案。想着自己能与资深员工"并驾齐驱"，他们甭提多高兴了。

事后，经理指出，他之所以给出提醒，就是想让这几名年轻人互相合作，取长补短。不料，他们竟然都选择了单兵作战。刘键总结这件"策划否决案"时，颇为感慨地说："想要尽快成长，还是得注重协作和请教，否则，欲速则不达呀！"

2. 互补共赢

在动物世界，即使凶残的鳄鱼也有合作伙伴。

公元前450年，古希腊历史学家希罗多德来到埃及。在奥博斯城的鳄鱼神庙，他发现大理石水池中的鳄鱼，在饱食后常张着大嘴，任凭一种灰色的小鸟在那里啄食剔牙。这位历史学家非常惊讶，他在著作中写道：

"所有的鸟兽都避开凶残的鳄鱼，只有这种小鸟却能同鳄鱼友好相处，鳄鱼从不伤害这种小鸟，因为它需要小鸟的帮助。鳄鱼离水上岸后，张开大嘴，让这种小鸟飞到它的嘴里去吃水蛭等小动物，这使鳄鱼感到很舒服。"

这种灰色的小鸟叫"燕千鸟"，又称"鳄鱼鸟"或"牙签鸟"，它在鳄鱼的血盆大口中寻觅水蛭、苍蝇和食物残屑；有时候，燕千鸟干脆在鳄鱼栖居地营巢，好像在为鳄鱼站岗放哨，只要一有风吹草动，它们就会一哄而散，使鳄鱼猛醒过来，做好准备。正因为这样，鳄鱼和小鸟结下了深厚的友谊。

其实，在人类社会中，这种利他兼利己的范例也很多，改革开放后出现的"温州模式"其实就是合作共赢、互利共生的典范。因为你并非完美无缺，只有让你的合作者生活得更好，你才能更好地生活。

仔细想一想，我们与老板的关系，与下属的关系，与同事的关系，与顾客的关系，等等，不也是一种互通有无、共同发展的关系吗？

3. 合作共赢

不论是在商场还是在职场中，职业人士都面临着激烈而残酷的竞争。与老板、客户、同事、下属、对手相处，都要摆正竞争与合作的关系，以利人利己的共赢思维做大市场，做大事业，而不是以"杀敌一千，自伤八百"的赌气竞争心态，非要弄得你死我活、两败俱伤。

4. 懂得宽容

宽容和忍让是人生的一种豁达，是一个人有涵养的重要表现。没有必要和别人斤斤计较，没有必要和别人争强斗胜，给别人让一条路，就是给自己留一条路。

什么是宽容？法国19世纪的文学大师雨果曾说过这样一句话："世界上最宽阔的是海洋，比海洋宽阔的是天空，比天空更宽阔的是人的胸怀。"宽容是一种博大，它能包容人世间的喜怒哀乐；宽容是一种境界，它能使人生跃上新的台阶。在生活中学会宽容，你便能明白很多道理。

我们必须把自己的聪明才智用在有价值的事情上面。集中自己的智力，去进行有益的思考；集中自己的体力，去进行有益的工作，不要总是企图论证自己的优秀、别人的拙劣；不要总是认为自己正确、别人错误，不要事事、时时、处处总是唯我独尊；不要事事、时时、处处总是固执己见。

在非原则性的问题和无关大局的事情上，善于沟通和理解，善于体谅和包涵，善于妥协和让步，既有助于保持心境的安宁与平静，也有利于人际关系的和谐和团队环境的稳定。

5. 善于妥协

柳传志曾送给他的接班人杨元庆一句话："要学会妥协。"现代竞争思维认为，善于妥协并不是一味地忍让和无原则地妥协，而是意味着对对方利益的尊重，意味着将对方的利益看得和自身利益同样重要。在个人权利日趋平等的现代生活中，人与人之间的尊重是相互的。

只有尊重他人，才能获得他人的尊重。因此，善于妥协就会赢得别人更多的尊重,成为生活中的智者和强者。

也是因为不懂得妥协,才导致职场和市场中的残酷竞争、两败俱伤,社会是在竞争中发展进步的,也是在妥协中和谐共赢的。我们甚至可以这样说,妥协至少与竞争一样符合生活的本质。人与人妥协,彼此的日子都有了节日的味道。

学会妥协,收获友谊,维护尊严,获得尊重。当你同别人发生矛盾并相持不下时,你就应该学会妥协。这并不表示你失去了应有的尊严,相反,你在化解矛盾的同时又在别人心中埋下了宽容与大度的种子,别人不仅会欣然接受,而且还会在心中对你产生敬佩与尊重之情。

让别人过得好,自己也能过得快乐。学会妥协,世界会因你而美丽!

6. 思维共赢

美国心理学家托马斯·哈里斯在《我好,你也好》一书中,按照人格的发展,将团队中各自然人之间的关系分为4种类型:我不好,你好;我不好,你也不好;我好,你不好;我好,你也好。可见,第四种关系类型"我好,你也好",是成熟的成人人格和共赢思维。

但是,现实生活中,我们普遍存在的是赢/输思维或单赢思维。谋求赢/输思维的人只顾及自己的利益,只想自己赢别人输,把成功建立在别人的失败上,比较、竞争、地位及权力主导他们的一切;而单赢思维的人则只想得到他们所要的,虽然他们不一定要对方输,但他们只是一心求胜,不顾他人利益,在独立或互相依赖的情况下,他们的自觉性及对别人的敏感度很低,只想独立,这种人以自我为中心,以我为先,从不关心对方是赢是输。

双赢和共赢的思维特质是竞争中的合作,是寻求双方共同的利益，即你好，我也好，这是一种成熟的"双是人格"。养成共赢思维的习惯，需要我们从以下两个方面努力：第一，确立共赢品格。共赢品格的核心就是利人利己；你好，我也好。首先要真诚正直。人若不能对自己诚实，就无法了解内心真正的需要，也无从得知如何才能利人利己。其次，要对别人诚信。对人没有诚信，就谈不上利人，缺乏诚信作为基石，利人利己和共赢就变成了骗人的口号。第二，具备成熟的胸襟。我们通常说某个人成熟了，往往是指他办事老练、老到、可靠，这其实是不全面的。真正的成熟，就是勇气与体谅之心兼备而不偏废。有勇气表达自己的感情和信念，又能体谅他人的感受与想法；有勇气追求利润，也顾及他人的利益，这才是成熟的表现。勇气和体谅之心是双赢思维不可或缺的因素。两者间的平衡是真正成熟的表现。

　　把握以上原则，在职场，无论是谁在和你玩这场"游戏"，最终赢的必定是你。

第三章　人际关系中的经济学

人际关系就是资源

人际关系是你人生中的重要资源，特别是求人办事时尤为重要。所以在工作和生活中培养自己的人际关系意识是一种投资也是一种必要。好习惯都是日积月累、慢慢培养起来的，因此，我们在日常工作生活中，就要培养自己的交际意识，以备不时之需。

一个刚踏上工作岗位的年轻人讲过他自己的一件事。第一天上班前，父亲把他拉到身边，问他："你知道在社会上立足的关键是什么吗？""是学历吗？""不对。"父亲说。"是知识吗？""不对。"父亲说。"是能力吗？""不对。"父亲还是这句话。"那是——"年轻人大惑不解地望着父亲。

父亲说："是人际关系！"

美国学者卡耐基说："一个人的成功，只有15%是由于他的专业技术，而85%则要靠人际关系和他的为人处世能力。"可见，一个人的社交能力是多么重要。在这个讲究人际关系的时代里，却有许多人不懂得怎样更好地与人相处。

人际关系网对一个人事业的成败及工作的好坏具有极大的影响，所以说成功在很大程度上取决于你拥有多大的权力和影响力，与合适的人建立稳固关系至关重要。

成功建立关系网的关键是选择合适的人建立稳固的关系。良好的人际关系能开拓你的视野，让你随时了解周围所发生的事情，并提高你倾听和交流的能力。

当你对职业关系有所意识，并开始选择你认为对自己有帮助的人时，你必须放下那些关系网中的额外包袱，其中或许包括那些认识已久却对你的职业生涯毫无益处的人。当然，你们仍然是朋友，只是你不用浪费宝贵的时间去维系这种老关系。

保持联系是建立成功关系网络的另一重要条件。当纽约时报记者问美国前总统克林顿是如何保持自己的政治关系网时，他回答说："每天晚上睡觉前，我会在一张卡片上列出我当天联系过的每一个人，注明重要细节、时间、会晤地点以及与此相关的一些信息，然后输入到秘书为我建立的关系网数据库中。这些年来朋友们帮了我不少忙。"

要与关系网络中的每个人保持密切的联系，最好的方式就是创造性地运用你的日程表，记下那些对你的关系至关重要的日子，比如生日或周年庆祝等。在这些特别的日子里准时和他们通话，哪怕只是给他们寄张贺卡，他们也会高兴万分，因为他们知道你心中想着他们。

观察他们在组织中的变化也不容忽视。当你的关系网成员升迁或调到其他的组织去时，你应该衷心地祝贺他们。同时，也把你个人的情况透露给对方。去度假之前，打电话问问他们有什么需要。

当他们处于人生的低谷时，打电话给他们。不论你关系网中谁遇到了麻烦，你都要立即打电话安慰他，并主动提供帮助，这是你支持对方的最好方式。

充分地利用你的商务旅行。如果你旅行的地点正好离你的某位关系成员挺近，你可以与他共进午餐或晚餐。

只要是你关系成员的邀请，不论是升职派对，还是他儿女的婚礼，你都要去露露面。

至少每三个月调整一下你的关系网。要多问问自己："为什么要保留这个关系？"如果你不能定期更新或增加新人，你的关系网络就会老化，其作用会大大减弱。

时刻关注对网络成员有用的信息。应定期将你收到的信息与他们分享，这很关键。

优秀的关系网络是双向的。如果你仅仅是个接受者，无论什么网络都会疏远你。搭建人际关系网时，要做得好像你的职业生涯和个人生活都离不开它似的，因为事实上的确如此。

人际关系的选择学问

人际关系中要选择一些对自己更为有利的朋友，人际关系也可以进行选择取舍。当然，从古至今，人们都是选择与自己合得来的人成为好朋友，跟与自己性格不合的人仅仅保持形式上的交往，也就是说，人类一直都在对人际关系进行选择取舍。

但是，如果面对面的交流占据人与人之间交流的几乎全部内容，在和居住在周围的人们以及与工作相关的人们进行交流时，是不能够马虎草率的。如果与人们面对面地交流对自己来说是唯一的现实世界，就不得不重视与眼前的人们之间的交往。

居住在自家周围的人们是具有偶然性的，在选择自己的住房的时候是不可能同时选择邻居的人品的。居住在同一个社区的人们，偶尔会聚集到一起开会等，这时的人们不是性情相投的人群，也不是因为具有共同的爱好而聚集起来的人群。所以，即使是邻居，也不都是志同道合的。

即使是近邻，有些人的价值观可能有180°的差异，有些人的兴趣爱好可能完全不同，有些人的思维方式可能会有天壤之别。但是，即使是性情不合的人，因为都住在同一个社区，也是不能够完全忽视对方的，也需要保证相互之间不产生矛盾摩擦。

在工作与生活的过程中，搜集与组织关系网其实是有可能的，但试图维持所有关系似乎是不可能的，而想要在现有的人际网络内加进新的人或组织就更加困难。因此，在组建人际关系网的时候，必须学会筛选。换言之，你必须随时准备重新评估早已变得难以掌握的人际网络；对现有的人际关系网重新整理；放弃已不再对你感兴趣的组织和人。

筛选虽然不容易，但仍是可以做得到的。选择本来就是一件很困难的事，结果往往更令人痛苦。然而有句话说得很对：有失才有得。

清理人际关系网的道理也和清除衣柜类似。容许留下的衣服，当然是最美丽、最吸引人也是剪裁最得体的几套。"舍"永远不是件容易的事，虽然有遗憾，但从此拥有的不仅都是最好的，更重要的是也有更多空间可以留给更好的。

如果我们对自己的人际网络做同样的"清除"工作，在去粗取精之后，留下来的朋友不就都是我们最乐于往来的吗？我们应该把时间与精力放在让自己最乐于相处的人身上。在平时需要奔波忙碌于工作、社交与生活之间的我们，筛选人际关系网络是安排生活先后次序的第一步。

无论失败或成功，都不只取决于个人的努力或能力，必然会受到社会上种种因素的影响。俗话说："谋事在人，成事在天。"所以，不要太在意结果的成功与否，就算和上司介绍来的人一同工作，也无须担心不必要的失败。

就建立人际关系而言，工作以失败结束反而更能增加彼此的亲密程度。比起胜利，战败较能产生长远的交往关系。关键在于失败后，应该如何展开后续行动。由于自己先开口邀人共事，万万不可抱回避责任的态度。一旦自己逃避责任，别人也必定离你远去。

最后，记住关键人物。一个人一生无论如何积极地扩展人际关系，也不可能和认识的所有人进行长期深入交往。为了和一部分人保持密切的交往，务必在所结识的人中进行筛选。否则，只会不断增加毫无意义的名片库藏量而已。即使好不容易认识了可以发挥作用的关键人物，如果不加筛选，也一定会被埋没在名片堆里。

比如，只要参加宴会或研讨会等活动，收到的名片数量就可能相当可观。然而，在这么多名片中，可以成为人际关系关键人物的也许只有一个人而已。出席任何性质的聚会时，你都应该抱着只要能碰见一位关键人物便是收获的念头。

即使是电影或小说，也没有人会认为自己看过的每部作品都生动有趣。能够让人手不释卷地看上几遍的作品，必定只占其中很小的部分，这也就是所谓的"经典"吧！然而，经典也是在看过大量的平庸之作之后从中筛选产生的。人与人之间的邂逅亦相同，让人一见如故，产生交往一生念头的对象，是不可能轻易发现的。只要能结识一位这样的人物，就应该认为是当日的最大收获。如果一味想着在那场宴会上，不知可以获取多少张名片、认识多少人，是很愚蠢的想法。当然，你也有可能一位这样的人物也没碰上。应该说，这种情形在现实中占多数。遇上这种情形，没有必要勉强增加认识的人。如果自认是无聊的聚会，尽早撤离现场也是很重要的。

只要能够结识一位关键性的人物，你的人际关系即可得到飞跃性的扩展。因为如果对方拥有100人的人际关系，你通过此人就有可能马上获得那100人的人际关系。而如果你想凭借个人力量去接近同样的100人，无疑得花费大量的时间和精力。

然而一心企图结识宴会或研讨会所有出席者的人不在少数。在这种情形下，不仅对方不容易记住你，你也不可能牢记对方。与其浪费时间去记不可能记住的所有的人，不如记住一个关键性人物。

朋友间也需要投资

大千世界，茫茫人海，既然相逢，缘分不浅。虽相处时间不长，但这中间的关系值得珍惜，值得持续下去。当与对方分开后，仍然保持一种相互联系、历久弥坚的关系，那对你将来所要达到的目的与理想会是很有好处的，这其中的有利方面，也许是你所从未想到的。

"常用的钥匙最有光泽。"因此我们平时一定要注意和周围的人培养、联络感情。只有平时经常联络，朋友之情才不至于疏远，朋友才会心甘情愿地帮助你。如果你与朋友分开之后从来没有联络过，彼此将会变得陌生，你去托他办事时，一些关乎个人利益的事情，他就很难主动帮你。

无论从实用主义，或从情感价值角度去看，朋友之间的友谊都值得我们保持和维系。

朋友有时在很危急的关头能帮上大忙，能起到排忧解难的作用。但是，朋友关系的维系来自于自己的努力。在与朋友分开之后并没有经常性地联系，那关系之好无从谈起。所以，只要你有这份心、这份情，能够真诚地维持分开之后的朋友关系，那你的人际面会更加广泛，路子也会比别人多出几条。

感情来自交流。平时多加强联系，是加深朋友感情的一种方法。

尽管当今社会流行一句话"认钱不认人"，但是"人情生意"从未间断过。因为人是有情之灵物，人人都难逃脱一个"情"字。朋友之间在平时人际交往中也须"感情投资"。

所谓"感情投资"，就是在平时交往之外多了一层相知和沟通，能够在人情世故上多一分关心、多一分相助。即使遇到不顺当的情况，也能够相互体谅——"生意不成人情在"。

例如，你在生意场上遇到了彼此之间比较投缘的人，有了成功的合作，感情也自然融洽起来，这就是我们常说的"有缘"的人。有缘自然有情，双方为了加深友谊，会为对方付出。但是只有懂得保护和持续这种朋友关系的人，才能继续爱护它、增进它，使双方的友谊天长地久。

当然，就算双方有"缘"，彼此能够一拍即合，要保持长期的相互信任、相互关照的关系也不那么容易，仍然需要不断进行"感情投资"。

在商场上，这种问题表现得尤其突出。每个人都为各自的利益做事，彼此都知道商人多诈多奸，人与人交往不能不防，所以很容易互相起疑心。结果"缘"就会由合作转为对立，人情变成了敌意。最好的朋友常常会变成最恨的人，这在商场上也屡见不鲜。相互之间最仇视的对手，往往原先是最亲密的伙伴。

在日常生活中，朋友之间之所以会走到这一步，往往是双方忽略了"感情投资"的结果。一些人常犯这种毛病：一旦与对方建立了良好关系，就不再觉得自己有责任去维护它了，往往会忽视双方关系中的一些细节问题。例如该通报的信息不通报、该解释的情况不解释，总认为"反正我们关系好，解释不解释无所谓"，结果日积月累，堆积成难以化解的矛盾。

更有甚者，在与对方成为朋友之后，总是一味地向朋友索取回报，而不继续进行感情投资。这主要表现为对别人要求越来越高，总以为别人对自己好是应该的；但是别人对于自己稍有不周或照顾不到，就有怨言。这种做法必然会损害双方的关系。

生活告诉我们，友谊之花需要爱心的滋润，否则它会枯萎。朋友之间的感情投资应该是经常性的，并非可有可无的。人们从生意场到日常交往，都应该处处留心，善待每一个关系伙伴，要从小处、细处着眼，事事落在实处。

不要做一次性人情

人际关系如同股票，要持续投入热情才能获得稳定的收益。

但生活中有许多人抱着"有事有人、无事无人"的态度，把朋友当作受伤后的拐杖，复原后就扔掉。此类人大多会被抛弃，没人愿意再帮助他们。

廉阳便有一个这样的朋友："我有一个高中三年的同学，而且是十分要好的朋友。我们进入了同一所大学，刚开学，她就主动地当了班干部。有人说：地位高了，人就会变。自从她上任后，见到我，有时干脆装作没看见，日子久了，我们就疏远了。但她有时也会突然向我寻求帮助。出于朋友一场，我总是尽我所能。

可事后,她老毛病又犯了,我有种被利用的感觉,却无奈于心太软。就这样她大事小事都找我,其他朋友劝我放弃这份友情,这种人不值得交往。当我下决心与她分开时,她伤心地流下了眼泪——她除了我之外竟没有一个朋友。"

这种人只会用"互相利用,互相抛弃,彼此心照不宣"的方式来交际,而不去深思人情世故的奥秘之处,所以无法达到人情操纵自如的境界。

周恩来在人际交往中就很有人情味。长征途中,当时任民运部部长兼政委的杨立三,坚持亲自给重病的周恩来抬担架,他和同志们在饥寒交迫中,抬着周恩来走出沼泽泥潭的草地后就累病了。19年后,杨立三去世,身为政务院总理的周恩来,坚持要亲自给他抬棺送葬。

1937年6月,周恩来在峡山遇险,护卫他的10多名警卫战士光荣牺牲。事后,周恩来和另外3个虎口脱险的同志合影留念,周恩来在照片背后写上"峡山遇险,仅余四人"。这张照片一直珍藏在他贴身的衬衣口袋里,直至病逝才被人发现。

"滴水之恩,当涌泉相报",这就是周恩来的人格魅力。难怪在举行遗体告别仪式时,围绕安卧在鲜花丛中的周恩来遗体的群众的泪水把地毯洒湿了1米多宽的一圈。难怪会出现十里长街送总理,长夜无言,天地同悲的动人一幕。

毋庸置疑,在某些"实用型"人物的眼中,所谓的"人情"便是你送我一包烟,我给你几块钱,就像借债还钱,概不赊欠。这种一次性的交际行为看似洒脱,实则包含了太多的困惑与无奈。诚然,受助者也许在短时间内不愿再次开口求助,而实施援助行为的一方其实也没有必要固守"事不过三"的古训,当人家确实有困难而无能为力的时候,尽管你已经帮助过他,尽管他不好向你开口，但作为知情者，你不应无动于衷，而不妨再次主动伸出援助之手。事实上这种"后继"的交际行为能够赢得更大的"人情效应"。

俗话说："在家靠父母，出门靠朋友"，多一个朋友多一条路。要想人爱己，己须先爱人。我们应当时刻存有乐善好施、成人之美的心思，才能为自己多储存些人情的债权。这就如同一个人为防不测，须养成"储蓄"的习惯，这就会让子孙后代得到好处，正所谓"前世修来的福分"。

究竟怎样去结得人情，并无一定之规。

对于一个身陷困境的穷人，一枚铜板的帮助可能会使他握着这枚铜板忍耐一下极度的饥饿和困苦，或许还能干番事业，闯出自己富有的天下。

对于一个执迷不悟的浪子，一次促膝交谈的帮助可能会使他建立做人的尊严和自信，或许在悬崖勒马之后奔驰于希望的原野，成为一名勇士。

就是在平常的日子里，对一个正直的举动送去一个信任的眼神，这一眼神无形中可能就是正义强大的动力。对一种新颖的见解报以一阵赞同的掌声，这掌声无意中可能就是对创新思想的巨大支持。

就是对一个陌生人很随意的一次帮助，可能也会使那个陌生人突然悟到难得的真情可贵。

其实，人在旅途，既需要别人的帮助，又需要帮助别人。从这个意义上说，帮人就是积善。

交往中的心理博弈

俗话说:"知人知面难知心,画龙画虎难画骨。"人心叵测,每个人的心理都是很难揣测的,因为人的大脑一天至少有5万个想法。尤其是在关系复杂的社会网中,每个人做事都有自己为人处世的方法,都有自己的心理表征。面对每一件事,都要经过一番心理斗争,而社会的种种现象正是发生矛盾的双方心理博弈的结果。那么,在人际交往的心理博弈中我们该如何选择呢?我们先看下面一个有趣的博弈游戏:

假设每一个学生都拥有属于自己的一家企业,现在他必须自己做出选择。选择一:生产高质量的商品来帮助维持现在较高的价格;选择二:生产伪劣商品,通过别人的所失换取自己的所得。每个学生将根据自己的意愿进行选择,选择一的学生总数,将把自己的收入分给每个学生。

事实上,这是一个事先设计好的博弈,目的是确保每个选择二的学生总比选择一的学生多得50美分,这个设定当然是有现实意义的,因为生产伪劣商品的成本比生产高质量商品的成本低。不过,选择二的人越多,他们的总收益也就会越少,这个假设也是有道理的,因为伪劣商品过多,会造成市场的混乱,他们的企业也就会跟着受到影响,信誉跟着降低。

现在,假设全班27名学生都打算选择一,那么他们各自得到的将是1.08美元。假设有一个人打算偷偷地改变决定—选择二,那么,选择一的学生就少了一名变为26名,将各得1.04美元,比原来的少了4美分,但那个改变自己主意的学生就会得到1.54美元,而比原来要多出46美分。

诚然，不管最初选择一的学生人数有多少，结果都是一样的，很显然，选择二是一个优势策略。每个改选二的学生都将会多得46美分，而同时会使除自己以外的同学分别少得4美分，结果全班的收入会少58美分。等到全班学生一致选择二时，尽可能使自己的收益达到最大时，他们将各得50美分。反过来讲，如果他们联合起来，也就是协同进行行动，不惜将个人的收益减至最小化，那么，他们将各得1.08美元。

但博弈的结果却十分糟糕，在演练这个博弈的过程中，由起初不允许集体讨论，到后来允许讨论，以便达成"合谋"，但在这个过程中愿意合作而选择一的学生从3人到14人不等。

在最后一次带有协议的博弈里，选择一的学生人数为4人，全体学生的总收益是15.82美元，比全班学生成功合作可以得到的收益少了13.34美元。一个学生嘟囔道："我这辈子再也不会相信任何人了。"

而事实上，在这个博弈游戏里，无论如何选择，都不会有最优的情况出现，类似于囚徒困境，即使达成合谋，由于人的心理太过复杂，结果也不是预期的样子。所以，在这样复杂的心理博弈中，我们不能苛求要获得一个最好的结果，因为人心各异，最好结果根本就不存在。那在人际交往中遇到类似于上述游戏的博弈情况时该如何选择呢？那就是保证一点——不要太贪婪，只要有利益就可以，不要妄求有太多的利益或要获得比别人更多的利益。

该交什么样的朋友

小云是一位体育老师，后来在朋友的介绍下认识了从事推广、销售绿色营养品的朋友老李。老李在营养品的销售领域工作了10年，10年的工作经验，已经把老李培养成为一位优秀的营养师。由于二人的脾气相投，老李非常喜欢和小云谈论自己的工作及工作中的感悟，并且教给小云许多有关营养学和养生之道的知识。就这样，在潜移默化中，小云学到了许多营养平衡和维护身体健康方面的知识。后来，小云想跳槽，老李建议他去健身中心，那里不仅工作很轻松，而且待遇也很高。现在，小云已经是国内一家健身中心的主教练了，这在很大程度上得益于老李的帮助。

从以上的小故事中我们可以看出，在人生奋斗中，到底应该交什么样的朋友。我们交朋友就像谈恋爱或读书一样，也是一种投入。既然是一种投入，就需要有一定的回报。在故事中，小云在事业上能够取得成功，在很大程度上靠了老李的帮助，正是朋友老李带给了小云全新的经验和知识，迅速提升了他的技能水平，并给他提供往高处发展的信息和机会，给了他开拓新天地的可能，使其人力资本价值上升，从而可以获得更高的收入和身心的愉悦。所以，老李就是小云事业上的朋友，如果没有这个事业上的朋友，也许小云需要摸索很长的时间，甚至于他极有可能达不到现在这样的成绩。可见，一个人多交一些能给其事业带来帮助和好处的朋友，既有利于获得更多的自身利益，也实现了朋友的价值。

在我们的事业中，需要的是地位、能力或学识等方面比我们强的朋友，因为，只有这样的朋友才能帮助我们更快地走向事业成功的道路，给我们带来更大的利益。但在我们的生命中，也需要真诚的朋友，也许某人的真诚的朋友的能力、地位、学识不如他，或者与他差不多，在事业上不能帮助他，但是，在我们面临危险的时候，在我们落魄的时候，只有真诚的朋友才能两肋插刀，救我们于危难之中。交这种朋友投入比较少，在关键时期可以大大减少我们的沉没成本。

对我们事业和生活上有帮助的朋友有很多。比如，我们从小学、中学、大学，一直到上研究生，那些同学在参加工作后会分布到各行各业，这些同学，很多都可以成为我们的朋友，因为，在学校里同学之间的感情是十分纯洁的。或许，在某个关键的时候，我们以前的老同学会对我们的事业和生活产生极大的帮助和促进作用。所以，无论我们与过去的同学分离多久，我们都应当珍惜那一段难得的缘分。在我们确定了自己的职业后，我们应当依据自己的职业交一些对我们事业上有帮助的朋友，因为这些朋友可以给我们提供不少对事业有益的信息。有了这些基础，我们就可以在这个行业内有更多升迁的机会。总之，我们交朋友要以事业和生活为基准，一切有利于我们事业和生活成功的朋友，我们都应当结交。

不同的朋友，有不同的优点和长处，我们和不同的朋友相处，就可以学到他们的优点和长处，补充自己知识和能力的不足，节省自己的学习时间。朋友又可以把他的朋友介绍给我们，从而扩展我们的交际圈。朋友之间可以互助互利，让我们有更多获取利益的机会。朋友的帮助可以降低我们的风险，降低我们办事的成本，节省我们办事的时间，提高我们的学习和工作效率，给我们提供更多工作或升迁的机会，可以抚慰我们受伤的心灵等。人都是趋利的，我们交朋友也是为了最大化地实现自己的利益，所有这些能够在我们学习、工作和生活的方方面面帮助我们的朋友都应当结交。

下面，我们可以通过图示的方法更直观地看出到底该交什么样的朋友。

经济学一本通

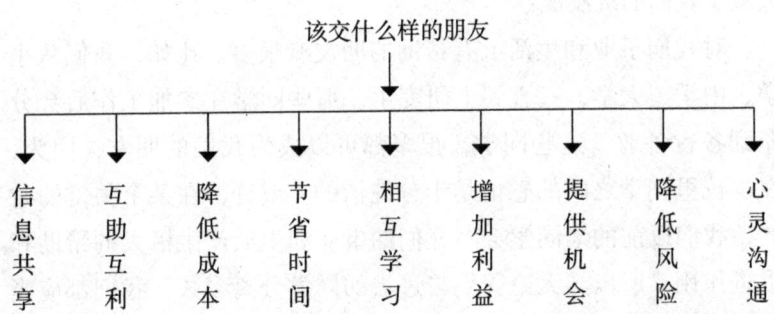

在人际交往中，很多人都带有这样或那样的偏好，即以自己的一套预先设定的标准来判断一个人的好坏，并以此决定是否与他交朋友。但往往主观的判断会产生错误，特别是容易受到"光环效应"的误导，即在朋友美好的光环笼罩下，只看到他的优点，没有看到他的缺点。光环效应有一定的负面影响，在这种心理作用下，很容易被人利用。所以，我们要学会客观地评价别人，理性地评价朋友。也就是说，我们在交朋友时要尽量避免不完全信息对我们主观的判断产生误导。因为，在不完全信息的条件下，我们自己处于一种不利的境地，我们的利益就很容易受损失。但这并不是要我们戴着有色眼镜看人，对朋友挑剔或怕被别人欺骗而不愿交朋友，而是要我们在交朋友时更加理性一点，不能意气用事，既要看到朋友的优点，也要看到其缺点，尽量回避其缺点对自己造成的损失，发扬其优点。这样，就可以尽量降低自己交朋友所产生的风险。

寻找生命中的贵人

王风是一个律师事务所的实习律师,在工作中因为帮助许多当事人解决了不少问题,得到了大家的一致赞扬。但是,王风更喜欢进公司做法务工作。可是,进大型公司比较困难,需要多年的经验,刚毕业两年的王风怎么可能有这么长时间的工作经验呢?但王风想到了运用自己的人际关系。经过仔细考虑,王风锁定了一个人,就是他的表姐夫徐威,徐威的父亲是南京一家律师事务所的主任,在南京很有名气,而且担任过许多大公司的法律顾问。经过沟通,徐威在一次家庭聚会上把王风介绍给了父亲,并且说王风是一个非常有前途的人。见了一面后,王风给徐威的父亲留下了很好的印象,于是就把王风介绍给自己做法律顾问的一家大型公司,并说:"王风是个值得培养的法务人员。"果然,看在徐威父亲的面子上,曾经拒绝过王风的一家公司聘请了他,并且让他在法务经理身边担任重要职务。

在这个例子中,王风的贵人就是徐威的父亲,王风之所以在事业上一路顺畅,就是因为他善于寻找生命中的贵人。年轻人进入社会,很多人都对他不了解,或者说不认识他,而人与人之间多少都存在一些戒心,即使他能力很强,也可能不敢用他,或者是因为,像他这样的人还是有很多的。所以,作为单位的领导在用人方面就有许多选择余地,选中他的概率可能很小了。这时,要是有个生命中的贵人帮助他,他就可以达到自己的目标。这就好像是有人在人生路途中给他铺好了平坦的大路,并给了他一辆汽车一样,这样,他就能很容易迅速到达目的地,而不需要走羊肠小道或爬山越岭。也就是说,贵人可以大大降低一个人事业成功的成本，提高其办事的效率，节省时间，这其实就等于多为自己创造了财富，达到了一种边际成本递减而边际收益显著递增的效果，它与生产中发生作用的边际收益递减规律恰恰相反。所以，所谓贵人就是在适当的时候能够及时帮助我们，让我们以比较少的成本付出达到自己目的的人。人都是趋利的，寻找贵人，成本很小，而收益却很大，这种事情谁都想做。

那么，如何寻找我们生命中的贵人呢？首先，要学会建立自己的关系网运用表。在我们编织的关系网中，总会有三类人：第一类是比自己强的，第二类是和自己差不多的，第三类是比自己稍差点的。也就是说，在我们的关系网中有不同的朋友，有不同的能力和水平。而贵人就是掌握了一定的权力和资源，有着他自己广阔的关系网且其能力强于自己的人，或者说是在事业的发展过程中走在自己前面的先知先觉者。所以，在我们的关系网运用表中，应当将掌握了一定资源且能力比自己强的人放在第一位，说不准哪天他们就会对自己大有帮助。但是，有时我们不一定能交到那些真正掌握了权力和资源的好朋友，这时，是不是我们就没法利用关系了呢？绝不要这样想。其实，我们不一定要直接认识我们生命中的贵人，完全可以通过能力和自己相当的朋友，甚至是能力比自己差的朋友的关系认识。如上面例子中的王风，他的表姐及表姐夫都不一定能力超过自己，但是，他的表姐夫的父亲则是掌握了一定权力和资源的贵人，他的表姐夫只是起了一个桥梁的作用。王风就善于利用自己的关系网资源，所以要让自己的关系网真正发挥作用，还要善于充分运用关系和调动关系。

在人的事业的成长过程中，贵人往往起着关键的作用，一个人一旦有贵人的帮助，就可以平步青云、步步高升，大大降低其事业成功的成本。但很多人往往苦于自己没有贵人的提携，甚至于觉得自己注定了没有贵人缘,其实,在现实生活中,人们只要多加留心,就很容易发现自己身边的贵人。

有研究表明:某人和世界上的任何一个人之间只隔着6个人。不管他和对方身处何种地位,他和这个贵人之间只隔着6个人,而构成这个奇妙6人链条中的第二个人,一定是他所认识的人,也许是他的父母,也许是他的大学同学,更可能是办公室里每天抹桌子、做清洁的阿姨。所谓机遇和贵人,就是在适当的时候出现的适当的人、事、物的组合,我们无法控制这种完美的巧合何时出现,唯一能做的,就是通过控制自己的人脉,来给自己创造更多的可能。所以,任何人只要认真、留心,肯定能够找到自己生命中的贵人。

分享快乐和分担风险

当一个人在心灵上受到创伤时,如果有人来抚平他的伤口,他就可以很快振作起来;当一个人经济窘迫时,如果有人伸出援助之手,他就可以走出困境;当一个人在事业上失意时,如果有人来激励、唤起他的意志,他就能够重新燃起斗志。只有在一个人有风险的时候,才会觉得朋友是自己命运中的希望之星。但是,如何才能让朋友帮自己承担风险呢?人家又没有欠你的,凭什么要为你承担风险呀?人都是趋利避害的,有风险,谁都想逃避。光靠一个人的良心为他人承担风险是不牢固的,因为一个人的良心好坏很难看出,而且容易随着环境的改变而改变。这就需要有一种机制,即利益共享和风险分担机制。

过去,结交朋友往往有"金兰结义"之称,即要对天发誓:

"有福同享，有难同当。"如《三国演义》中的刘关张三结义就是如此。金兰结义、对天发誓是古代朋友之间的利益共享和风险分担机制。通过对天发誓，让发誓的朋友都记住，谁要得了好处，大家一起分享，谁有困难，应当拔刀相助，谁要是违反誓言就会遭"天打雷劈"，这等于订下了无字的契约。如果其中某人违反契约，其他众多的朋友都会讨伐他，或者把他从朋友的行列中清除出去。现代人虽然不再对天发誓，但朋友之间也有一种相互的默契，谁的地位上升得快，就要帮助其他的朋友，只有这样，他的朋友才会把他推上高位。当然，朋友遇到了风险，其他的朋友也会帮助他，拉他一把。在交朋友的过程中，只有那些愿意与其朋友分享利益、分担风险的人，才能得到信任。一旦谁过于自私、独占利益，朋友有风险时就尽可能避开，他必然会失去朋友的信任，最后，没有什么朋友了。

人具有两重性，利己是个人从事一项活动的出发点，但人在利己的同时，也会利他，而利他的同时也可以利己，也就是说，利他最后还是为了利己。既然人人都有利己之心，那么，当自己处于风险之中时，有朋友鼎力相助，他必然对朋友感恩戴德，以后这个朋友有需要帮忙的地方，他必然挺身而出。所以，如果一个人善于将自己的利己之心在一定程度上转向利他的方向，将利他之心也引导到利己的方向，那么，他就更容易实现自身利益的最大化。其实，许多人都知道，暂时的利益并不是最终的利益，最终的利益才是最重要的，要取得最终的利益最大化，就必须牺牲一些暂时的利益，为朋友承担必要的风险。这就像国际贸易中，国与国之间的贸易不仅使双方的利益增加了，也让自己国家一部分商品生产的风险被其他国家分担了，也就是说，各个国家在分享利益的同时也分担了风险。

朋友之间的利益共享和风险分担机制不可能像保险公司那样，靠一纸带有法律效力的契约（保单）来维持，只能靠相互的信任和忠诚予以保障。古往今来，信任和忠诚都是比较稀缺的东西，既然是稀缺的，就很珍贵，人们必然把信任度和忠诚度高的朋友当成是一种财富，十分珍惜这样的朋友。所以，也只有那些信任度高和忠诚度高的人更容易得到朋友的信任和忠诚。朋友之间善于分享利益、分担风险，其最终的结果是使大家的利益都实现了最大化，同时又降低了风险，这比保险公司的风险分担机制的效果还要好。

经济学是以经济人假设为前提的，即承认人的利己之心，承认人的一切行为目标都是为了个人利益的最大化，但如果把这个前提进一步推到"拔一毛而利天下不为也"，那就势必把自己完全孤立了，最终什么也得不到。

有一则寓言，一只狐狸请仙鹤吃饭，狐狸把汤盛在盘子里，仙鹤的喙太长吃不到，而狐狸把汤全给吃光了。仙鹤也回请狐狸，把美味的食物装在长颈窄口的瓶子里，狐狸也吃不到，只好空着肚子回去了。这说明，一心只考虑自己的利益，最终对双方都没有好处。损人利己只会双双受害。在现代社会中，不管是国家、企业还是个人，都应当以合作实现双赢，互惠互利。好朋友之间更应当如此，不同的人有不同的优势，当某人得到利益时，让对方分享，那么当他受难时，朋友就会伸出援助之手。这与经济人的假设并不矛盾，因为，我们在利他的同时也利己，所以，利己必须和利他结合、统一起来，这样才能真正实现自己的利益最大化。

第四章　消费中的经济学

消费要懂得理财

人在生活中购买一般东西时，常常不做细致的考虑，但是有时候需要购买一些昂贵的商品，像买房子、买车等，这时候就需要慎重考虑了，甚至这种考虑会是一个期待已久的漫长的过程，善于安排这种支出，既能明显地节约费用，又能使生活舒适。

欲购一件昂贵物品，总要与家庭所有成员商量一下，根据自己家庭的现有积蓄、每月收入和日常衣食住行的开销，算一算该不该买。不必要的东西不要买，因为时过境迁，就会知道是一种浪费。可以召开家庭财务工作联席会议，当然，如果你是单身的话，这次大会只有你自己参加。每一个人畅所欲言，谈自己对这次有可能进行的支出的计算方法和结果，集思广益，从中找到最好的方法。

要考虑自己的资金实力、自己的信贷能力和自己抵御风险的能力，家庭成员的生活水准和紧急事件的应对，这些问题毕竟需要一定数额的资金作为保障，你要计算这个数额，并在保证这个数额的基础上考虑自己的购买力，在心中还要有一套一旦碰到紧急情况的应对预案。购买有投资性购买和消费性购买，如果是消费性购买，则更应该谨慎，因为这种购买是不能创造新的价值的。

还要考虑一下退路，有很多商品是在一定诱惑下很容易就买进了。但是，在买进一种金额较大的商品前，有必要考虑一下将它卖出的容易程度。将车卖掉，意味着要损失一大笔钱，房产虽然有保值的效果，但一般在短时间内不能产生利益，而且要卖掉房产也是一桩很麻烦的事情。这些经过考虑得出的数据，也可以当作你进行综合考虑时的有价值的参考。

购买的时机也是一个很重要的问题，商品价格的涨跌一般也有一定的季节性规律，对商品价格的未来走势，谁也不可能预期得绝对准确，但是根据以往的经验，可以进行判断，大概预测其未来涨跌的概率和幅度，从而对购买的时间做出决策。

卖家也会提供多种购买方式，自己可以根据自己的经济实力做出最适合自己的选择。如果是分期付款，最直接的问题是银行按揭到底贷多少年，获得的利益和支出的利息比最理想，这个问题的计算稍微复杂一些，要考虑怎么使支付的利息总数最低，而又不太多地影响你的生活计划。分期付款的压力既是前进的动力，又会使自己的生活增加压力，要看看自己是否能承受得住这个压力。

买东西还有一个考虑性价比是否合算以及讨价还价的问题。考虑的问题主要包括：商品对自己的用处、使用年限或商品的量、商品的性能和服务、品牌、价格，等等。这牵涉到很多数据，以及在这些数据基础上选择最优方案的问题。从对商品的性能价格之间的比较，到做出购买决策的过程，实际上是人在头脑中进行的一个很复杂的计算过程。所以说买东西里边的数学学问并不像我们所感觉到的那样简单，一个人是否善于买东西，和他对数学知识的使用能力有关，这种能力是一个人理财能力的一部分。

逛商场挑选商品，有时候是一个非常费时间和难以做出决定的问题。现实生活中一个常见的现象是：有些人，特别是很多女性在购买东西时会耗费很多时间，究其原因，固然有买东西对她们来说是一种生活享受，还有在计算和决策方面的思维方式的原因。在对商品的选择上和价格的衡量上，她们不能快速地做出决策，也就是一个决策效率的问题。

当然更使人头痛的是大宗物品的购买，这时候是需要一点数学上的技巧的。如果没有一个清晰的经济头脑，复杂的数据就把人搞糊涂了，这时候可以用列表的方法来解决问题。

当然昂贵物品的购买决策，对生活中的收支平衡或个人的经济状况有重大的影响，更是一个大的问题。要求人们考虑得细致周到，数学方面的天赋更能派上用场。

做个理智的消费者

不同的人有不同的个性，同样是人，有的人喜欢思考，有的人不喜欢思考；同样是思考，有的人的思考符合理性，有的人的思考不符合理性；同样是具有理性思考能力，有的人善于在生活中运用它，有的人经常不在生活中运用它。所以对环境的变化，不同的人做出不同的反应。试想一下，一个企业家和一个普通人相比，在处理和经济有关的问题时，会有自己的思维方面的不同特点的，而每个人的个人生活和事业发展，也是人的思维方式加上其他因素长期综合作用的结果。

由于每个人的小算盘的算法不同，人们做事的方式就各有千秋。比如，国家进行宏观调控，曾采取了降息的策略，手中有余钱的人想："你降息，我炒股，谁也别想做谁主。"有的人想："你降你的息，我做我的生意。"在个人投资方面，据有些人的研究，不同性格的人其投资风格也不同。敢冒风险的人投资股票，相当稳重的人投资国债，脚踏实地的人投资房地产，信心坚定的人选择定期储蓄，井然有序的人投资收藏，百折不挠的人搞期货，富于幻想的人则喜欢去打造一个盈利的企业。也正是这些思维方式的不同，决定着不同的人在经济领域会有不同的表现。

一个人如果能取长补短，改变自己的思维模式，养成善于算计的习惯，则对自己的理财实力的提高会大有裨益。

从消费的角度来看，消费者有两个心理层面：一个是自己的购物习惯和欲望，一个是自己的理智。许多人是无意识的消费者，他们不使用自己的计算能力，或者是在他们的计算方式中忽略了一些重要的东西。出于习惯他们每天买相同的东西，或是凭一时兴起购物，他们的计算主要是集中在商品本身和自己的偏好，而不是从自己的经济状况考虑做全面的打算，因此，对于这些人来说，在经济上陷入困境是很正常的。

有些人是理智的消费者，他们将自己的经济行为限制在计算的框架内，他们有经济方面的计划，或者是有明确的预算，然后他们能严格执行自己的计划或预算。他们的小算盘在账目上打得更精一些，他们根据自己的经济实力和对未来生活的考虑来决定自己的购买行为。在购买东西时的思路是这样的：我真的需要这件东西吗？这项花销会不会影响我下一步的经济计划？购买带来的利益相对于付出的代价是否合适？我为了购买这件东西，应该采取什么策略？

一个人如果能做一个理智的消费者，他就会倾向于用理智的眼光来看待其他的经济问题，他的思维方式就是目光长远的、积极进取的。这种算计的习惯和技巧，将使他迈向成功的脚步更加稳健有力。

不论多么精妙的设计，靠这种设计本身都不能实现理财，目标中的财富数字需要具体的行为去实现。在计划一个行动的时候，要为自己的考虑增加一个前提，比如是买一件东西或在进行一次娱乐消费，在进行取舍时，首先要考虑自己的预算的要求，如果不是特殊的情况，超过了这个预算的行为，都应该是在禁止之列的。

一个人是否善于理财其实和他在生活中形成的生活方式有很大关系，这种生活方式里，有他的思考问题的方式和他的行为习惯。所谓的理财技巧，不过是来源于人的思考模式和行为习惯。人并非在所有时候都是理性的人，比方说，一个吸毒成瘾的人是不会因为计划不再吸毒而不去吸毒的；一个上网玩游戏成瘾的人，也不会因为认为过多地上网有害健康，计划暂时不再上网而不去上网。所以说，预算是预算，人的有些消费习惯是难以改变的。所以很多教人理财的方法，虽然看起来很巧妙，但是却常常收效甚微。

改变人的思考模式和行为习惯，是一种自内而外的自身修养过程，是提高人的理财能力的根本之道。思考方式的形成是一种长期的积累过程；行为习惯也是这样，所以为了执行自己的预算，一个有着不良消费习惯的人，在个人习惯方面要费力气谋求改变。在思考方式方面，数学训练为人们提供了一个严谨和全面地看待问题的模式，这种模式用到生活中的消费决策上，会使人的决策更趋于理性化。

选择性消费

我们该如何改变随意消费的习惯呢？一个解决的办法就是以积极态度取代消极态度对待金钱。

圣地亚哥国家理财教育中心提出了"选择性消费"的观念——你不应该对自己说："我该不该买这东西？"而应该问："这东西所值的价钱，是不是在我这个月花钱的预算金额内？是否正是我所要花的钱？"

换句话说，你要问问自己，到底有多么想要花这笔钱来买这东西，而不仅仅是告诉自己能不能花这笔钱。

"我应不应该花这笔钱"——就是圣地亚哥国家理财教育中心所谓的"消极的输入"，因为它是消极的信息，容易被忽略，这也是人类的心理。然而消极的输入会迫使我们合理化我们的购买行为，如"这东西颜色很漂亮""这东西正在打折"和"我真的很想要这东西"等说法，就是一些很普遍的例子。许多人都有买过打折商品的经历，喜滋滋地买回了"物美价廉"的商品，心中有一份莫名的得意和逢人就想夸耀的冲动，殊不知自己正是上了"打折"的当。

曾经流行过这样一句顺口溜：七八九折不算折，四五六折毛毛雨，一二三折不稀奇。

"打折就是随意定价的结果，商家一开始就想好了用打折的办法'钓鱼'、蒙人。"一般人习惯上总喜欢廉价的商品，他们看到打折商品，往往不加考虑就掏钱购买，这正好落入商家的圈套。有钱人从不盲目购买打折的商品，他们告诉人们在打折面前，最好不要乱动，冷静一下，看看这个东西你是否真的需要。不需要，打再低的折也不为其所动。

通过选择性的消费，你想要花钱的本能还是能够得到满足的。这就像一个正在减肥的人必须减少热量的吸收，但每天却还可以吃一点儿冰激凌一样，你不必试着去完全改变生活方式，而且也不必强迫自己克服心理上的排斥感。

不要误以为选择性消费很简单，其实它并不简单，它需要不断地练习。

阿敏是个超级购物狂，每次同学想去逛超市又找不到人陪时，找她准没错。她一到超市立刻就兴奋起来，总能想起自己缺这个缺那个，于是买个没完，每次至少也是上百元。有时候买回来的东西放在一边也想不起来用，浪费了不少钱。

后来，她自己也有点急了，一次逛超市的时候，看到一个妈妈领着小孩一起买东西。小男孩手里拿着计算器，妈妈每放到购物篮里一件商品，就告诉他价格，他累计后把总额告诉妈妈。阿敏觉得这是个好办法，也开始照做，于是手机里计算器的功能就被充分利用了起来。一开始她给自己规定，每次购物的总额不得超过 80 元，后来这个金额被一再缩小，现在她已经能很好地控制自己的购物行为了。

为了节省开支，带上计算器逛街，让屏幕上飞涨的数字抵挡诱惑是个不错的方法。顾客在一般商店里购买商品，买一件就要支付现金，看着钱出去难免心疼。超市自选商品之后再统一结账，往手推车里放东西，"豪拿"中购物欲望便会大为膨胀。带个计算器逛超市，买一个东西就用计算器加一下，这样就会知道自己不断支出的总数了，超过预算就强迫罢手。这样可以自我核算，避免结账时出现多付。另外，认定目标，到熟悉的超市购物，可以很快找到想买的东西，减少受诱惑的机会，这也是一种省时省钱的方法。

在逛超市时,应该给自己规定时间,一般不要超过10分钟,这样可以控制自己的购买欲望,进入超市,就可以拿出清单,对号入座。

同时,逛超市的时候尽量空手进入,如要买的东西稍多,而购物篮可以盛下,就绝不要去推购物车。购物篮和购物车本是方便顾客的,但它们同时又极其艺术地为商家做着诱购和促销工作,可以说,它们是使我们无形中突破购物计划的"元凶"。

切记千万不要被赠品所诱惑。很多商家常在商品上绑一些赠品来激起人们的购买欲,这是商家促销的一种方式,有些商品甚至因绑了赠品后价格有一定的上升。千万不要被一些花哨但没有价值的赠品糊弄了。

另外要避免被数字误导。商家喜欢把商品定为类似9.9元的价格,这样常常会给人便宜的错觉,看到这样的商品,要习惯性地四舍五入。比如把9.9元看成10元,虽然只有一毛钱的差价,但在价格上就不会被误导了。

我们去超市购物时会列出清单,为什么去其他地方买东西时不如此做呢?其实你的消费是可以掌握的,不要被习惯、冲动或者广告所左右,如果你养成了消费时去比较不同商品的价格、服务和品质的习惯,你的选择性消费也不会那么盲目,并且也能够聪明地消费并存下省下来的钱。

因此,最主要的是:养成选择性消费的习惯,做理性的经济人。

把握好最佳购买阶段

卖的人精,买的人也不是傻瓜。贵东西必然有它贵的道理,但对贵东西的"好"则要具体分析,传统认为所谓的"好",多表现在材料、制造、设计、工艺等方面。在现代社会,"好"的方面要广泛得多——两件材料、制作、工艺等完全相同的西服,名牌的比非名牌的就可能贵上好几倍,贵就贵在牌子上。有的时候两件质量、款式一样的商品,豪华店、精品店卖的就比在普通商场里贵得多。因为前者地处繁华区,装修考究,服务周到,多支出的钱都要让消费者掏腰包,所以它价格贵也不是没有道理。多元化是现代社会消费的一个重要特征,所谓"好"与"坏"的标准常常不能用固定的尺度来衡量。东西越贵越"好"是没错的,只看这"好"是否能为你所接受,如果超出你的承受范围,就会给你带来沉重的负担。

在正常情况下,商品绝不会既是最好的又是最便宜的,这是我们大家都明白的道理。而要想真正做到令自己满意,首先要对所谓的"好"有一个切实的标准。

买东西还要选择购买时机。什么是最佳购买阶段?花最少的钱,买的东西又不落伍,那就是最佳购买阶段。社会商品特别是耐用消费品总要经历开发、研制、小批量生产、大量投产、萎缩等阶段;然后是又一轮的开发、研制……在最初的开发、研制阶段,产品的性能还不稳定,但十分新潮;产品的成本高、售价贵;市场销量逐步上升但升幅不大。这个阶段的商品不宜购买,应等到其进入批量生产阶段,此时商品的性能、质量逐渐趋于稳定,生产批量大,价格有所下降。假如不是特别亟须使用,最好再等一等，因为其价格还未降到最低谷。接下来是"维持量阶段"，市场已接近饱和，形成买方市场，价格大幅下降，这时才是最佳购买阶段。这个阶段不但价格合算，而且产品质量进一步完善，厂家竞争也趋于白热化，消费者正好坐收"渔翁之利"。

这说起来好懂，但真的做到"恰到好处"也并非易事。

小李特别喜爱手机，刚参加工作就花上 3000 元买了一个最新款的名牌手机，谁知还没过一年，市场上这款手机的价格已降到不足 1000 元，小李悔恨不迭。可见，找准最佳购买阶段是把钱花到实处的重要一环。

培养买卖东西的能力

买卖东西也是一种能力，如何在买卖中赢取更大的效用，这里有一些小技巧。

1. 编制科学的预算

预算的主要目的是为了合理开支，进行理性消费。预算是在你花钱之前制定的，把资金重新做了分配，并且对你的消费进行强有力的约束。在预算中，每个月固定的或者是不断增加的存款是一个非常重要的项目，是你达到预算目的的一个重要保证。因此，除了意外的超出预算的开支外，一定按预定数量进行存款。

这是一个竞争激烈的时代，企业缩减支出、工资薪酬增长停滞是常见的现象。因此对工薪人士来说，如果"开源"的工作有困难，那么在预算中就要考虑有计划地消费，从"节流"做起，对所能允许的家庭花销进行精心设计。利用这一新准则来划分消费次序：把钱用在重要的地方，在不重要的方面缩减开支。其实聪明消费很简单,选对时节购物、货比三家不吃亏、克制购物欲望,以及避免滥刷信用卡、举债度日等,都是可以掌握的原则。在方法上可针对每月、每季、每年可能的花费编列预算,据此再分配各项支出在收入中所占的比例,避免将手边现金漫无目的地消费。

对预算的执行能力,表现为对自己的行为的控制,通过对消费的理性控制,可以避免乱花钱。最好养成记账的习惯,定期检查自己的收支情况,并适时调整。如果你发现固定的开支(租金/抵押、公用事业、保险、运输)消耗你的资金太多,你需要制定新的预算,为此要调整你的生活方式:搬到租价便宜一点的房子居住,买便宜的汽车,打电话时尽量缩短谈话时间,甚至不得不戒掉烟酒。如果你的固定开支已被控制住了,再来看看你的个人消费支出。你的娱乐消费和日常购买有点儿奢侈吗?试着缩减你的奢侈娱乐花费和各式购物消费,这能为你节省不少现金,使你有能力把一定比例的收入存入银行。

2. 眼睛盯住一个数字

眼睛不盯着一个数字,在具体的事情面前就不能做到"心中有数"。你一定不会将自己的发财大计看成是一个数字游戏,但在经济学家看来,这就是一个数字游戏。

眼睛盯着数字才会有动力,使你的心产生动力的往往不是具体的目标,而是和数字有关的东西。你不相信这个看法吗?那么你看一下电子游戏,这类游戏常常会用积分来衡量游戏者的成绩。而对于游戏者来说,积分的增加会对自己有吸引力,从而对游戏上瘾。葛朗台式的人物不会成为大多数人的心中偶像,但是要知道这老头儿为什么会有很多钱,他并不是为了需要钱用才去捞取那么多的钱,而是钱这种符号的增值是他热衷玩的迷人的游戏。

有了具体的数字目标能使你产生必要的思考过程，它将激发你找到一个方法来完成它：投资需要事前的认真考虑，不是事后产生的想法。做个美梦是容易的，但是，空的腰包不能将梦变成现实。从现在就开始关注你为什么存钱。存钱不是最终目的，你现在花掉的钱与你以后要花的钱有着本质的区别，后者常被称作是储蓄。这些画在纸上的目标将会增加你存钱的动力。

存钱是为了实现你的目标。你是想拥有一个家？换一所大点儿的房子？买一辆车？为了你的宝宝？还是打算读书深造？或去投资？你固然可以把目标统统写下来，然后贴在冰箱上、厨房门上、餐桌上等任何你会经常看到的地方，提醒你时常想起你的目标，但你若不把它们变成具体的数字，则难以使你的增加收入的数字计算变成现实。

3. 买东西巧设计

如果你认为买东西很简单，那请看一下这个问题：某商品每件 15000 元，如果分期付款，分 6 个月付清，但要加每月 3% 的利息。若用分期付款的办法买一件这种商品，平均每月应付多少元（不满 1 元的舍去不计）？这个问题如果不用数学方法，而只用生活中所使用的一般方法是很难解决的。如果列方程，这个问题就比较好办了。

解：设平均每月付 x 元，则自开始到付清所须付的本息合计为：

$15000+(15000-x)\times 0.03+(15000-2x)\times 0.03+(15000-3x)\times 0.03+(15000-4x)\times 0.03+(15000-5x)\times 0.03$

$=15000(1+0.03\times 5)-(1+2+3+4+5)\times 0.03x$

$=17250-0.45x$

∴ $6x=17250-0.45x$，$x=2674$（元）。

即平均每月应付 2674 元。

当然，生活中一般会选一个更好算的付款方式，不过这也可以看到数学的威力了，在生活中这样的问题还有很多，有时这类问题很复杂，如果自己不会解决，也没有别人帮助解决，那会是一个挺难受的事情，会阻碍自己的理财能力发展的。

一方面在具体卖东西时要进行准确的计算，在数据上不能老出差错，否则卖东西就有可能变成一次捐赠活动。另一方面该不该卖也是一个数学问题。特别是对于讨价还价的买卖，一定要抓住机会，快速地计算这个价位合适不合适，对市场经济来说时间就是金钱，该出手时就出手，否则后悔晚矣。

这样说来，在卖东西时，其实是需要精妙的数学知识的，卖东西时计算精确和快速，才能抓住机会果断成交。另外卖东西一般心中要有个底线，并根据情况调整这个底线。这个底线一般是根据市场行情，以及自己卖的东西的价值信息推算出来的。因此一种理智的计算商品价格的能力也是必要的。用数学的眼光来看的话，市场的行情有个预测的概率问题，出手价格是个求极大值的问题，具体规划卖东西的时机是个运筹学问题，还有其他数学问题。

城市上班族每个月有固定的收入，一般不怎么卖具体的东西。农村人有卖东西的习惯，将自己的劳动成果变成现金，这在农村实在是再常见不过的了。卖东西的学问也大着呢，选择合适的时机，去合适的集市，寻求合适的买主，以合适的价格卖出去。卖的时候对价位的掌握，这中间学问很多，会卖东西的人会多卖一些钱，他们这种善于盘算、会卖东西的能力，会通过他们的经济实力表现出来。比方说农村里卖农产品，就经常有个如何卖才能更合算的问题，要卖出一批稻谷，就要考虑是卖稻谷合算，还是卖大米合算，算一笔账：

如果是卖 100 斤稻谷，按市价可得 61 元。如果卖大米，100 斤稻谷到碾米厂去碾，可得 68 斤大米，大米每斤 0.9 元，68 斤大米就有 61.2 元，除去碾米费 2 元，还可得 59.2 元。再加上糠 32 斤，每斤 0.15 元，就可得到 4.80 元，这样把 100 斤稻谷碾成大米来卖最后可得 64 元。因此还是卖大米合算。瞧，这脑筋多转一个弯，就多出了 3 块钱的进项，账不会算的话，这 3 元钱就可能不那么容易找回来了。

从上面例子就可以看出卖东西中的经济问题了，同样的东西通过不同的方式可以卖出不同的价格来。这主要在于事先对市场行情的精准掌握，以及对各个环节精确的经济分析和计算。

交换对每个人都有好处

一天，小李在宿舍翻自己的箱子，翻到一件外衣时说："这是我舅父送给我的皮外衣，还挺时髦的，只是我不喜欢穿皮衣，更喜欢穿羽绒服，因为羽绒服穿在身上既轻又舒服。"室友小周马上说："那我用我的羽绒服换你的皮衣如何？我的羽绒服也是年前刚买的。"小李说："那我们试穿一下，看合不合身。"两人一试，都合身，于是，小李愉快地用自己的皮衣换了羽绒服。

从这个故事我们知道，相互交换对小李和小周都有好处，因为，通过交换二人都得到了更大的满意度。其实，现实生活中，处处都有类似的交换，只不过，我们大多数的交换不是直接的物物交换，而是用我们劳动得来的金钱购买别人的劳动产品。市场经济的一个显著特征就是，它将资源配置到生产效率最高的地方。张艺谋只有从事导演的职业才能得到最高的收入，而让他去推销产品或保险就是对他人力资本的最大浪费。

人们为什么要相互交换各自的劳动产品呢？从表面上看，相互交换可以互通有无。一个渔夫用自己捕获的海狸和一个猎人交换他的鹿。渔夫需要鹿，却只有海狸。但是，既然渔夫需要鹿，为什么他不直接自己去猎杀鹿，却是用他捕获的海狸来交换呢？这是因为渔夫捕杀鹿需要的劳动时间比猎人长，而且，对于渔夫来说，吃鹿肉的满意度比吃海狸肉的满意度更大。显然，同样的分析也适用于猎人。因此，通过交换，他们都可以节约大量劳动，也可以得到更大的满意度。

在当今世界，当一个富国与穷国发生贸易时，富国往往能用其包含劳动比较少的产品交换穷国包含劳动比较多的产品，表现为贸易的不平等。有人把这种现象归结为富国剥削了穷国。事实上，这与剥削没有关系或者关系不大，很多穷国就是从与富国的贸易中得到更多的利益，并从与富国的贸易中迅速由穷变富，如新加坡、韩国等国就是如此。为什么会这样呢？

因为不管富国还是穷国，都有其比较优势，相互交换劳动产品或服务即国际贸易会使双方都能利用其优势和长处，并使双方得到更高的满意度和利益，这是一种双赢的局面。比较成本学说和要素禀赋学说都对此做了比较好的解释。

地区之间和个人之间也是如此。我们每个人都有自己的长处和短处，人人都运用其长处，生产其具有比较优势的产品，或提供具有比较优势的服务，则每个人的满意度都增加了，利益也增加了，实现了共赢。现代社会，技术更新越来越快，分工越来越细，正是这种分工的细化和社会协调的有效，使得我们这个社会每个人的工作效率都大大高于前人。而有分工，我们就需要交换各自的劳动或劳动产品，因为这种交换使每个人的满意度都得到了提高，每个人的利益都得到了增长。

我们到全国各地走走，就很容易发现，越是经济发达的地区，其交易活动越多，相互之间的交换或贸易也越多；越是贫穷的地区，尤其是一些偏远的山区，人们之间的相互交换和贸易活动也越少。这好像是因为经济不够发达才导致如此，其实，这是颠倒了因果关系，正是因为相互之间的交换和贸易少才导致贫穷。在一个人人都买、人人都卖，相互之间买卖频繁的地区，或者彼此都能提供更多赚钱机会的地区，人人都可以得到更高的满意度，得到更多的利益。这个道理很简单，人们偶尔干的活儿一定远远不如天天从事的活儿来得熟练。我们没有补过鞋的人怎么做也不如一般的鞋匠；干洗店洗衣服不管其质量还是速度都比我们自己动手好得多、快得多；专职的节能公司就是比我们更会省电、省天然气。现代社会之所以提供如此丰富多彩的商品，归根到底，是由于分工和专业化的好处。一个人人都买、人人都卖的社会必然会促进分工和专业化，并使专业化的程度越来越高，这在使每个人的满意度提高的同时，也给每个人更多赚钱的机会，让人们的利益都增加了。所以，有钱一起赚，有利一起分，也就是我们在出卖自己的劳动或劳动产品的同时，也从别人那里购买更多的劳动或劳动产品，这样，人人都得到了更多的利益。

价格是谁给抬起来的

相互交换可以使双方或大家都得到更高的满意度，正是这种相互的满足实现了经济的繁荣。那么，经济又是依靠何种力量实现均衡的呢？为什么我们每天能够买到足够的食物？从路边待售的哈密瓜、西瓜、花生、瓜子，到商场的衣服、家用电器、厨具，再到我们喜欢的可口可乐、耐克，是何种力量使它们实现均衡的呢？实现我们生活中这种种的均衡，既不是靠哪位长官的命令，也不是靠诗人的狂想，更不是靠艺术家的灵感，而是靠"一只看不见的手"，它使人们在相互满足的过程中实现交换，实现各自利益的最大化。

这只"看不见的手"就是价格，价格就是指引经济活动最卓有成效的工具，家庭和企业在决定购买什么和卖出什么时都十分关注价格。如果在一个单位时间内，生产者的产量小于市场所需要的产量，则生产者所获得的价格就比较高，从而获得更多的收益，这时，生产者就会增加商品的产量，增加产量的结果是使其出售的商品量等于市场的需要量。反之，如果生产者生产出的产量大于市场需要的产量，则生产者所获得的价格就会低于其期望的价格，从而缩减生产量，最终又使其生产的商品量符合市场需要的量。当需求价格等于供给价格时，它处于均衡状态之中。价格就像一个钟摆，来回摆动，调整着商品的供给和需求，使其实现均衡。

但是，真实的经济学往往有更多的可能性。在火车站内和其旁边的一些商场和售货大厅，人们看到一瓶矿泉水比其他地方的价格要高出好几倍，一碗面也是如此，其他大多数商品都是如此。如果在一般商场的矿泉水是0.8元一瓶，而在火车站则往往是2元或2.5元，这里的商品具有相当可观的利润，既不是因为它的质量更好，也不是因为它的员工有更高的效率，而在于它特殊的位置。因为，在火车站，来来往往的人很多，很多人容易图方便高价就近购买所需要的商品。

消费者更需要完全竞争，因为有竞争，消费者就可以以较低的价格买到适合自己的商品。但是，商家却更喜欢垄断，趋利的本性必然促使商家去掌握稀缺性，它比没有掌握稀缺性时的利润大得多。我们设想在一个比较偏远的村子，那里的人员流动和信息流动比较少，但那里的人们不能不吃油。一位掌握着食用油的商家特别具有实力，他不仅与村里和乡里的权势人物关系特别好，而且还和他们共同分享其经营食用油的利润，这样，别人不许在这个偏远的地方卖食用油，只有他一家卖，那么他的食用油的价格就可以定在较高的水平。当然，一部分吃不起的穷人只能少买，但还是有很多的村民会从他那里买油。

这个设想好像离我们的生活比较远，但事实上，在我们的实际生活中，这种设想无处不在。我们购买火车票时谁也没有选择的权利；我们买房时好像也没有多大的选择机会；我们购买私家车时，砍价的余地也不算大；我们用电时也只能接受供电公司的价格；我们把东西寄给远方的亲友时，也只能接受邮局规定的价格；手机收费我们更是无可奈何。

北京、上海都有不少房地产开发商，他们形成垄断竞争的市场格局。这些商家好像也会相互竞争，但他们竞争的不是如何降低价格，而是如何抬高价格，如何吸引消费者的眼球，如何使用更加精明的经营策略。北京和上海的房价为什么这么高？成本比较高似乎是个理由，但不完全。开发商掌握了稀缺性力量是其中很重要的原因，而这种稀缺力量的最后掌握者的垄断力量更大，他们不用费什么代价就可以获得相当的利润。当然，消费者的从众心理也是一个因素，去北京、上海发展的有钱人不少，为了在大城市里占有一席之地，高昂的房价并不能制约他们的购买行为。一些消费者往往容易跟风购买，人为抬高价格。

我们走进大型商场，往往能看到许多价格高的商品，从服装、厨具、食品到日常用品都是如此。一般人对这么高的价格只能看一看，不愿购买。但也有不少大方的顾客，愿意花高价钱购买这些商品，特别是一些手头阔绰、花钱大方的人，和一些带着情人或朋友特意来购物的人，他们好像对商品的价格缺少敏感性。有的人还会问商场服务员这类商品最贵的是哪种，他就挑最贵的买。但毕竟这样的顾客不多，为什么商场还是要把价格定得这么高呢？因为对于商场的一些熟客来说，商场会发给他们优惠券或会员卡，他们可以享受打折的优惠。一些大型商场还出售购物卡给一些大型单位，这些单位的员工使用购物卡购物时也好像对价格的敏感度比较低。所以，商场的利润不会因为商品价格高而降低，反而十分可观。

一般情况下，商家为其商品定价时都会考虑分开价格档次的定价策略，对于价格不够敏感的消费者，使用较高的价格；对于价格比较敏感的顾客，采用低价策略。

货比三家比什么

顾客刘太太这样谈论自己的购物经历："我总是在'××'购物，因为这里的商品价格最低。但我想要确认一下是否这个商店真的价格最低。有一次，我把在'××'采购的商品列了个清单，然后，又到另一家超市购买了同样的商品。我发现，另一家超市的商品竟然比'××'的商品要贵1/3。眼见为实，'××'的商品低价真是无与伦比的。"

那么"××"的低价真的是无与伦比吗？当然，两家超市不可能都同样便宜，可能这家超市的某种商品比另一家超市的同种商品要便宜一些，但是，凡事都要具体情况具体分析。很可能，这位刘太太遇到的只是偶然的情况，也可能"××"在商品定价策略上瞄准的是更多的消费者，在"××"低价商品比较多，这样可以吸引更多低收入者、一些比较会精打细算的家庭主妇的目光，同时又以另一部分高价商品吸引另一部分人的目光。这样，它的市场机会就更多了。

一般人总是认为，有些地方的东西卖得比较贵，有些地方的东西卖得便宜。其实，有些商店在类似的地方提供相同的商品和服务，但却收取不同的价格。比如，在某个超市，同样是黄瓜，一种是堆成一堆，由自己挑选的，另一种是用盒子包装了的。这两种黄瓜品质相差不大，但包装了的黄瓜通常要比没有包装的黄瓜贵一倍以上，甚至几倍。对于一些粗心大意、不愿花时间挑选的顾客来说，他们一般认为，包装的食品比没有包装的食品质量更过关，于是，贵些也愿意买。其实，商家会有意把一些看上去比较好的食品包装一下，有的商店把有些快到期的食品和一些价格比较高的食品放在最显眼的位置，由于品种比较多，一些粗心大意的顾客并没有发现在角落里的比较便宜又实惠的商品，而是挑最显眼的商品购买。这样，这些顾客就多付了钱。

我们经常看到，一些大型超市和商场每隔一段时间就会进行大减价，这其实是商家的定价策略。有些顾客到商场要比较很久才会购买，有些顾客则相反。所以，对于商家来说，最好是以高价套住忠诚的、不愿挑选的顾客，再以低价吸引喜欢买便宜货的顾客，而中间价位对两种顾客都没有吸引力。这还不是问题的全部，因为商品价格比较稳定的话，往往会让一些粗心大意的顾客也知道哪里有价廉物美的商品。所以，商家总是不断地一会儿高价，一会儿又低价，有意搞乱价格。这样，就使一些比较懒散的顾客不会花很多时间来挑选物美价廉的商品。所以，只有多花时间，比较商品的价格，比较其质量，多跑几个地方，多进行挑选，认真观察，才能真正买到价廉物美的商品。

我们在生活中确实面临着很多这样的选择，某人要是图目前少出一点钱，那么他所购买的商品可能质量、售后服务等方面就要差一些，暂时是省了钱，但是，由于这种低价格的商品所产生的满意度往往低于价格比较高的商品，一些比较实际的消费者还是愿意选择后一种商品。大型商场，其经营成本比较高，商品的档次也比较高，其商品的质量更具有可靠性。自由市场商品的价格比较低，而要想买到货真价实的商品还需要消费者能够识货，辨别真假。

有一位李先生，准备买一台电脑，他当然知道牌子比较响的电脑质量比较好，但价格也比较贵。他不打算多花钱，但又需要买一台质量过关的电脑，于是，他请从事电脑维修的孙先生帮忙。孙先生建议他买"××"牌电脑，这种电脑主要在南方销售，北方比较少，但质量还不错。孙先生与李先生一起到中关村的一个电脑销售店买这种牌子的电脑，经过孙先生的粗略检查，电脑质量还可以。李先生买这台电脑比大牌子电脑的价格便宜近2000元，至今使用了5年，质量一直很好，没有出现过任何毛病。

购物时，大多数人都希望购买到价廉物美的商品，但商家总是比我们消费者更加会算计，他们常常以不同的定价策略使我们无法判断怎样花钱更好。所以，作为消费者，必须多花点时间进行比较，必要时可以请朋友帮忙鉴别、判断，尽量获得更多的信息。只有这样，才能买到物美价廉的商品。我们购物时大都会货比三家，比价格、比质量、比售后服务、比款式、比花色品种，任何的比较都需要认真观察和鉴别。

天下没有免费的午餐

一次,黄先生骑自行车逛街,看到街边有许多人在购买补酒和其他保健品,他停下来看看,只见前面写着几个大字:"免费检查身体。"黄先生于是也排好队等着检查身体,通过仪器的检查,竟然发现他的肝、胃、肾等都有点毛病。为他检查身体的穿着白大褂的"大夫"对他说:"我们这里有不少调理身体功能的保健产品,就如强心健胃酒、补肾益脾酒等都是很好的补品,只要你喝上10瓶,保证身体会得到很大改善,喝上20瓶,你就会变得相当强壮。"听了"大夫"添油加醋的一番话后,黄先生果真买了两瓶。后来,他喝了这两瓶酒并没有什么反应,想想,可能自己上当了。

我们上面谈到,现代社会是高度分工协作的社会,所以,大多数人都要用自己的劳动赚来的钱换取自己所需要的生活物品,即我们购物就是一种等价交换的过程,是用自己等量劳动赚取的钱去换取等量劳动的物品的过程。换句话说,我们付出了多少,我们就能得到多少,不可能我们没有任何的付出就得到自己所需要的东西。

为什么说天下没有免费的午餐呢?任何商家或小贩都是以牟利为经营目的的,马克思说:"资本的本性就是追逐利润,有10%的利润,它就会蠢蠢欲动;有100%的利润,它就会不择手段;有300%的利润,它就会践踏一切人间法律。"商家赔本赚吆喝怎么可能呢?免费更是不可能的,免费只是一个圈套而已,精明的商家大都是算计的老手,设好一个免费的圈套让顾客往里面钻。粗心大意的消费者很容易被眼前的免费欺骗,不知不觉中陷入了对方的圈套。或者只看到眼前的商品真是货真价实、价廉物美，不知道人家玩的就是那种魔术师的把戏。商家进这么一批货，起码需要进货的成本和运输的费用等，他只有在卖价高出成本一定数额时才会出手。

　　有时，我们常常看到有些自由市场的蔬菜又新鲜又便宜，可是买回家在冰箱才放一天就坏了，还影响了冰箱里的其他食品的新鲜度。有时，我们买一些外表还可以的苹果，以为真的是价廉物美，可是，回家用刀剖开才发现竟然是由里往外腐烂的。当然，在由于特殊的原因使某种生活必需品的产量突然下降时，这些商品容易成为"吉芬商品"，其价格反而趋高。

　　以尽可能少的钱买到称心如意的商品是大多数人的愿望，一些在日常生活中十分会精打细算的人往往容易走向极端，贪便宜。而一些骗子和不法之徒就很会利用人们的这种心理，以免费检查、赠送东西为诱饵，让顾客钻进他们设好的圈套，上当受骗。一些不法之徒更是摸透了人们的这种心理，他们善于算计何时犯罪、何时欺骗最划算最没有风险。一是有的人只看到一些表象，看到骗子们展示的商品确实很有用，价格又便宜，暂时忘记了鉴别和比较，失去了心理防线；二是在适当时他们会使用威胁手段，让人们在使用了其免费商品后出于心理上的不安，不知不觉就陷入其圈套，或被迫就范。如一些自由市场的便宜猪肉往往是灌水猪肉，一些外表漂亮又便宜的水果往往在表层涂了蜡等。

　　我们在购物时，需要认识到：天下没有免费的午餐，一分钱一分货，便宜没好货，好货不便宜。买便宜货也需要比较、鉴别，多花点时间，多走些地方，不舍得花时间又贪图便宜就容易吃亏。

消费维权

1. 售楼广告

有一则售楼广告说:"本楼盘离城仅一步之遥,人气极旺,绿化率60%,一片山水景色。"一位准备买房的准顾客看到这则广告后即按地址找到了该地,当他费尽了九牛二虎之力达到目的地后才发现:"离城一步之遥"是指乘坐某路公共汽车从起点坐到终点;"人气极旺"是指那里的老鼠很多,到处出没;绿化率60%是指楼房周围有60%的地区长满杂草;"一片山水景色"是指其外围被农田包围。

2. 美容广告

采用国际一流的美学标准,国际最先进的专业美容技术,一流的美容大师,使你的脸形自然、逼真,一点都不假,店内有真人实例,完美美容仅需880元。

类似这样的广告满街都是,并非房地产行业和美容行业独有,很多行业都有。但是,当你掏了钱以后,才发现广告的虚假性有80%。虚假广告让许多消费者上当受骗,可是当消费者要找商家理论或投诉商家时,商家却说广告不是依据,让消费者投诉无门。

之所以会发生这样的情形,根源还在于在市场上,消费者与商家的地位是天然不平等的。一方面是因为,商家都是财大气粗,实力颇大,说不定还有靠山;而消费者是分散的,即使是消费者协会也不一定能够为消费者讨个公道,所以,消费者根本无法与商家抗衡。另一方面,在信息不对称的市场上,消费者是缺乏信息的一方,而且无法以高价获得信息。与消费者相比,商家往往容易相互勾结,达成一致,所以,虽然商家数量不多,但真正的力量还是在他们那里。

保护消费者权益是任何一个市场经济的政府的基本职责，这种保护不仅要有立法，而且需要政府和执法部门严格执法。但是，在部门利益的驱动下，部分消费者权益受到了损害却不了了之，纵容了商家的侵权行为，导致一些商家竟然使用霸王条款来对付消费者。作为消费者应当拿起法律武器来保护自己，这种成功的例子还是不少，前些年，有个叫王海的人曾专门抓商家的把柄，运用法律武器保护消费者权益，可是，现在居然有"前赴"而无"后继"了。消费者协会作为消费者自己的组织应当代表消费者的利益与商家抗衡。

作为消费者，也需要有法律意识和维权意识，知道一些《消费者权益保障法》的内容，购买商品尤其是大件商品，必须手续齐全，索取正规的税务发票和商品的维修承诺书。消费者有了商品销售的正规发票，就可以在自己的权益被商家侵犯时，及时向消费者协会或其他监管部门举报、投诉，损失重大的应当通过法律渠道要求商家赔偿所造成的损失。北京市规定，消费者购买商品应当向商家索取正规的税务发票，对于不给正规发票的商家，消费者可以举报。不给正规发票的商家不仅容易欺骗顾客，也是一种逃税行为。

从市场的角度来看，之所以存在一些商家欺骗和垄断的行为，主要还是因为其垄断地位的存在。因此，不管是人为的垄断、历史形成的垄断还是自然形成的垄断，都会侵害消费者的权益。要从根本上保护消费者权益，还需要促进竞争，在法律上要制定反垄断法。美国的微软都被美国商务部以垄断为名一分为二。我国的一些行业也应当放宽中小企业进入的门槛，把一些人为和历史造成的垄断打破，唯有竞争才是市场经济产生效率的唯一途径，也是消费者的福音。

另外,信息不对称不仅损害消费者权益,对商家也没有好处。在信息不对称的情况下,消费者只会产生逆向选择,即消费者认为他所购买的产品或服务不值更高的价,只有在低价格的情况下,消费者才会购买,这样一来,商品的品质和服务就难以提高,商家只能赚比较低的利润。甚至于一些消费者不愿在国内大量购买商品和服务,宁愿到国外去旅游、购物,商家因此损失了不少。所以,商家通过掌握对自己有益的信息赚取超额利润完全是一种短视的行为,最终损害的是自己的利益。

欺骗或许是一些人的本性,从普通的推销人员到精明的商家都会利用自己所掌握的信息优势进行欺骗,这是由人类的趋利动机决定的。蚊子感觉到人的存在就会吸血,要防止蚊子对人的伤害只能靠纱窗、蚊香、灭蚊器等。一些人的趋利本性不可能通过道德的约束而改变,要克服欺骗、店大欺客、信息不对称等对消费者权益的损害和造成消费不畅的情况,需要大力规范市场经济秩序和微观规制,需要政府主管部门花大力气,需要居民和企业的共同努力,形成社会性的防范网络和惩罚机制。

第五章 投资中的经济学

什么是投资理性

巴菲特和索罗斯的投资哲学解释了投资的现实、市场如何运转、如何判断价值以及价格为什么变化,这是他们的行动纲领。

他们的投资哲学使他们的投资标准明确清晰,允许他们以合理的确定性找出"高概率事件"。

投资在很大程度上是一种理智的行为,如果说投资大师有什么与众不同之处的话,那么这个与众不同之处就是他们的思维与别人不一样。

他们的每一次行动都是他们的事前思考的广度和深度的表达。在他们深刻思考每一项投资策略并做出行动之前,他们不会投入1分钱。

投资大师的投资哲学使他们能保持一种强大的精神优势,能让他们在其身边的每一个人都失去理智的时候继续保持清醒的头脑。

从下面的事例中我们可以看到投资的理性一面,这也就是投资与赌博的区别:投资是经过"审慎计算"的赌博。

美国著名经济学家、麻省理工学院教授萨缪尔森有一次和同事打赌扔硬币,如果出现他希望的一面,他就赢1000美元;如果不是他希望的那一面,则他付给同事2000美元。

听起来，这是一个对同事有利的打赌安排。因为，如果同事出资 1000 美元，就有 50% 的可能赢得 2000 美元，当然也有 50% 的可能将 1000 美元输掉，但其预期收益是 500 美元，即 $50\% \times 2000 + 50\% \times (-1000) = 500$。

但同事拒绝了："我不会和你打赌，因为我觉得 1000 美元的损失比 2000 美元的收益对我来说重要得多。但是如果说赌 100 次的话，我愿意。"换句话说，他的同事的观点可以更准确地表达为："1 次不足以出现我所需要的平均定律的结果，但 100 次就可以了。"

在一个标准的扔硬币实验中，扔 10 次、100 次和 1000 次得到正面的比例都是约 50%，但扔 1000 次得到正面的比例比扔 10 次更接近 50%，这就是平均定律。也就是说，重复多次这种相互独立且互不相关（下一次的结果与上一次结果无关）的打赌，同事的风险就被控制住了，他将能稳定地获得这种"制度安排"的好处。

其实，同事更聪明的回答应该是："让我们赌 1000 次，每次你用 2 美元赌我的 1 美元。"这时他的资产组合风险就被固定了，而且他的初始资金需要不多，最多只要 500 美元（假定他在前 500 次都不走运，显然这是不可能的）。这样，他等于是将 500 美元分散到 1000 个相同且相互独立的赌次中了，这个资产组合的风险将接近于零。

对于风险厌恶型的投资者来说，收益的取得和风险的控制对于自身效用来说是同样重要的。而边际效用递减规律对金钱这一物品似乎并不适用——钱通常是越多越好。

那么，什么是理性投资呢？在经济学中，理性是指人们具有最大化自身效用的特性。在投资领域，投资者通常被分为 3 种类型,即风险厌恶者、风险中性者和风险爱好者。对第一种人来说,投资理性表现为:如果不存在超额收益和风险溢价,他是不愿意投资于有风险的证券的;第二种人则只是按期望收益率来决定是否进行风险投资,风险的高低与风险中性者无关;而第三种人则把风险的"乐趣"考虑在了自身效用中,即所谓"玩的就是心跳"。

经验数据表明,大部分投资者是风险厌恶者,尽管他们的风险厌恶程度各不相同。因此,对于大部分投资者来说,理性投资就表现为:收益增加自身效用,而风险会减少效用,多承担一分风险,就需要多一分收益来补偿,风险和收益要保持一定的平衡关系。

作为一位投资者,要想在股市上获得真正的成功,其实并不需要将所有的理论和分析技术都弄通弄透,投资股票并不需要那么多繁文缛节的东西。越是简单实用的东西,越能够直截了当实现自己的盈利目标。

因此,在股市上投资,往往只需要一种简单实用的投资原则、一些最简单的常识、一套坚决执行的纪律和属于自己的投资风格就已经足够了。

美国林克斯投资顾问公司总裁彼德·泰纳斯曾经对全美投资基金做过调查,他得出的结论是:大多数投资大师之所以成为大师,并不是因为他们具有过人之处或有什么"独门暗器",而仅仅是因为他们具有一个相对固定的投资风格、一套简单有效的投资原则。这是绝好的佐证。

实际上也正是如此,中外众多的股票投资成功人士的投资方法各不相同,但有一条是相同的,那就是,他们都具有自己独特的投资风格。这是他们成功的根本保障。天生我材必有用,你为什么不将自己的聪明才智发挥到极致呢？一旦形成自己的投资风格，你便会明白，股票投资其实真的很简单。

巴菲特投资定律

美国投资家巴菲特认为，要投资一个企业，那么这个企业必须简单且易于了解；企业过去的经营状况必须稳定；企业长期前景必须看好。也就是说，只有自己了解的企业才值得投资。

华伦·巴菲特可能是历史上最成功的投资家。他在 11 岁时就以 38 美元开始投资股票，今天他的资产规模已经累积到了 360 亿美元。

你可能会想，巴菲特一定是知道一些我们一般人所不知道的事情，但是华伦·巴菲特的投资哲学却是既简单又传统。他坚定不移地推行自己的投资策略，完全不受华尔街股市的流行观点所干扰。他投资可口可乐、美国运通银行、吉列刮胡刀等股票，投资组合里连一只网络股都没有。他只做长期投资，一旦充分了解了一家公司的本质、远景与真正合理的价值之后，他就会在买进之后长期持有，并且很有耐性地忍受一段时期内股价的涨跌。

华伦·巴菲特以他特有的美国中西部口音娓娓说出他的投资信念："要成为一个成功的长期投资者，并不需要高超的智商、锐利的眼光或是内线消息。投资人真正需要的是一个扎实严谨的投资决策架构，以及有足够的能力不让自己的情绪干扰这个决策架构。"

华伦·巴菲特喜欢实际的东西。他相信："一个十分确定的好结果远胜过一个无穷的希望。"他的这种观点听起来似乎相当平淡无奇。但是大家不妨参考下面的事实：如果你在1965年投资1万美元在华伦·巴菲特先生投资的公司股票上的话，35年后的今天你的财富已经累积到5000万美金，正好是美国标准普尔500指数同期投资报酬率的100倍。

对投资对象不了解的人，不会知道投资对象的价值，即使你侥幸抓住了它，也会很快失去的。

储蓄定律

储蓄和投资是完全不同的两种理财理念，储蓄仅仅能获得平均的无风险的时间价值的报酬，而投资可以获得超过时间价值的风险报酬，可以获得更多的超过平均收益水平的价值。当然，可能为此要承担风险，但是，从总体上来说，把钱存入银行不如通过投资更能赚钱。

有些人认为理财是富人、高收入家庭的专利，要先有足够的钱，才有资格谈投资理财。事实上，影响未来财富的关键因素，是投资报酬率的高低与时间的长短，而不是资金的多寡。美国人查理斯·卡尔森在调查了美国170位百万富翁的发家史后写了一本名叫《成为百万富翁的8条真理》的书。卡尔森所总结的、成为百万富翁的8个真理是：

（1）现在就开始投资。他在书中说，在美国，六成以上的人连百万富翁的第一步都还未迈出。每个人在迈出第一步时都有一堆理由，但其实这些理由都只是自己在找无关紧要的借口。有人也许会说："没时间投资。"卡尔森说："那你为什么不减少看电视的时间，把精力花在学习投资理财上？"

（2）制定目标。这个目标不论是准备好小孩子的学费、买新房子或50岁以前舒服地退休，不论任何目标，一定要订个计划，并且为了这个计划全心全意地去努力。

（3）把钱花在买股票或基金上。"买股票能致富，买政府公债只能保住财富。"百万富翁的共同经验是：别相信那些黄金、珍奇收藏品等玩意儿，把心放在股票上，这是建立财富的开始。

（4）百万富翁并不是因为投资高风险的股票而致富的，他们大多数只投资一般的绩优股，步伐虽慢，但是能低风险地敛财。

（5）每月固定投资。使投资成为自己的习惯。不论投资金额多少，只要做到每月固定投资，就足以使你超越2/3以上的人。

（6）坚持就是胜利。调查显示，3/4的百万富翁买一种股票至少持有5年以上，将近四成的百万富翁买一种股票至少持有8年以上。股票买进卖出交易频繁，不仅冒险，还得付高额资本税、交易费、券商佣金等，"交易次数多，不会使你致富，只会使代理商致富"。

（7）把税务局当投资伙伴，善用之。厌恶税务局并不是建设性的思维，而应该把税务局当成自己的投资伙伴，注意新税务规定，善于利用免税的投资理财工具，使税务局成为你致富的助手。

（8）限制财务风险。百万富翁大多过着很乏味的生活，他们不爱换工作，只结一次婚，不生一堆孩子，通常不搬家，生活没有太多意外或新鲜，稳定性是他们的共同特色。理财致富是"马拉松竞赛"而非"百米冲刺"，比的是耐力而不是爆发力。对于短期无法预测、长期具有高报酬率的投资，最安全的投资策略是：先投资，等待机会再投资。

储蓄是一种以"积少成多"的方式来增加人们的财富的，而复利则是具有"几何级数、加速成长"的效果的投资。人们90%

的新增加的财富都是依靠投资和复利获得的。当然这并不是说储蓄不重要,只是要提醒你,投资在累积财富的过程中具有举足轻重的地位。

对于多数人而言,要改善自己未来的财务状况,首先不是加强储蓄,而是从现在开始迈出投资的步伐!

通常穷人认为富人之所以能够致富,较负面的想法是认为他们运气好或从事不正当的行业,较正面的想法是认为他们更努力或克勤克俭。但这些穷人万万没想到,富人致富的真正原因在于他们的理财习惯不同于常人。

投资致富的先决条件是将资产投资于高报酬率的投资标的上,例如股票或房地产,而存放在银行中无异于虚耗光阴、浪费资源。

如何储蓄

据巴菲特的投资经验来看,储蓄应该注意以下几点:

首先要弄清该不该储蓄,不要让可以增值的资本闲置。但财商开发还有一个观点:银行是最安全的保险箱,那么到底该不该存钱呢?其实这并不矛盾。从资金时间价值即机会成本的角度来看,应该让金钱流动起来,运转起来,最大可能地让你的钱增值。有多少钱都放在家里,但求心中踏实,那肯定是错误的;为求安全完全把钱存入银行保值而不敢把它投入市场盈利,今天看来也不可取。

但是究竟我们还要不要储蓄呢?或者说在什么情况下应该储蓄呢?这完全应根据自身情况来决定该不该储蓄。片面地反对储蓄,同样是不明智的。

其次，储蓄可以增加成功的机会。香港某企业青年雇员陈先生，他从进公司时起，就养成了良好的储蓄习惯，几年下来，已有几万元的存款。随着经济的发展，信息的交流越来越重要。陈先生看准市场，毅然辞去外企工作，租了两间房屋，购置两台电脑，搞起了小型信息服务中心。两年下来，他竟获利几十万元，公司也由当初的两个人增加到十几个人。

储蓄越早开始越好。如果你现在18或20岁，还住在家里，那么现在就是储蓄的最好时机。只有这个时候，你的支出最少。即使你必须有所"支出"，但这和你搬出去住以后的开销相比，算很少了。这种机会不会再来，所以要尽可能地储蓄。

要养成储蓄的习惯。一个人或一个家庭能坚持养成储蓄的习惯也不是一件容易的事情。这里讲的储蓄方式不是先花钱，再储蓄，而是一种"强迫储蓄"的方式，也就是每个月固定拨出一部分钱存起来。只有这样才能做到真正意义上的储蓄。

为了保证每个月存一定量的钱，就要做个计划支出，强迫储蓄的规划。至于每个月该拨出收入的多少钱来作为储蓄，要根据每个人或家庭情况而定。一个人或家庭每月需要花费多少生活费，可从通过3～6个月记账支出的结果来做出决定，然后用每月的收入扣除这些支出，剩下的就是每月可以先拨出来储蓄的余额。

储蓄的目的是为了积累财富，所以最好不要轻易动用存款，基于这种考虑，以存定期为最好，活期存款是为了家庭应急用的，存上3～6个月的生活费用就行了，其余存定期。

另外，到银行去存钱，存得是否得当，这里面也大有学问。例如存定期与买国债每年有一个百分点的存款利率差价，有些人就不太动脑子去考虑这个问题。如果每个月以复利计算，10万元的存款，4年后就会相差6000元左右的利息，当然存款金额愈大，差额也就愈大。

当国家存款利息浮动时，如我国自 1996 年以来，存款利息一直呈现下降的趋势，5 年定期存款利息从 12% 多降到当前的 2% 多，在这期间如果你办一个 5 年期零存整取的存折，到现在还可以享受高额利息的存款呢。

养成储蓄的习惯，并不表示将会限制你的赚钱能力。正好相反，当你应用这项法则后，不仅将把你所赚的钱有系统地保存下来并让钱生子，而且还会使你获得自信心，使你步上更大机会之途。

巴菲特投资 10 戒

巴菲特给出了投资的 10 条戒律，它们将有助于你保持清醒的头脑，更多地做出正确的投资判断：

（1）投资不是多人游戏，而是一个人的游戏。你必须自己做出判断。想投资，那就自己好好地研究你将要进行的交易。

（2）不要期望过高。当然，期望你的投资每 5 分钟能翻一番，作为梦想是无可厚非的。但你要清醒地认识到，这是一个非常不现实的梦想。记住：如果年平均回报率能达到 10%，就非常幸运了。

（3）不要被虚涨的股票所迷惑。记住，公司的股票同公司是有区别的，有时候股票只是一家公司不真实的影子而已，所以应该多向经纪人询问股票的安全性。

（4）不要低估风险。"风险"不仅仅是两个字而已，它值得每一个投资者给予足够的重视。所以，一个重要的原则就是：在购买股票之前，不要先问"我能赚多少"，而要先问"我最多会亏多少"。这就是为什么大家都去购买思科的股票时，华伦·巴菲特却购买 Dairy Queen 的股票。这条小心翼翼的戒律在最近几年好像已经不流行了，但坚信这条戒律的投资者们至少还是保住了自己的钱。

（5）在不知道该买哪一只股票或者为什么要买某只股票的时候，坚决不要买。这一点尤其重要，先把事情搞清楚再说。这印证了投资大师彼德·林奇的一句名言：一个公司如果你不能用一句话把它描述出来的话，它的股票就不要去买。

（6）资金才是硬道理。当你把目光投向一些现在正在衰败的公司的时候，这点尤其重要。

（7）不要轻信债务大于公司资金的公司。一些公司通过发行股票或借贷来支付股东红利，但是他们总有一天会陷入困境。

（8）不要把鸡蛋放在一个篮子里。除非你有亏不完的钱，否则就应该听取一句话：不要把所有的投资都放在一家或两家公司上，也不要相信那种只关注一个行业的投资公司。虽然把宝押在一个地方可能会带来巨大的收入，但也会带来同样巨大的亏损。

（9）不要忘记，除了盈利以外，没有任何一个其他标准可以用来衡量一个公司的好坏。无论分析家和公司怎样吹嘘，记住这条规则，盈利就是盈利，这是唯一的标准。

（10）如果对一只股票产生了怀疑，不要再坚持，及早放弃吧。

投资的回报

无论参加什么类型的投资，投资者最关心的一件事就是投资利润，也就是投资的回报。投资回报的多少要用回报率做评估。但一些对投资还不太了解的人，往往对投资回报率的认识有误区。例如，有人说，他在股市投资赚了 100 万元，听起来是非常令人满意的回报。但关键还要看是以什么为基础来做评价的。如果他投资 1000 万元两年内赚回 100 万元，就比投资 200 万元在一年内赚回 100 万元要差得多。因为前者的回报率是两年 10%，而后者却已达到一年 50%。怎么正确评估投资回报率呢？巴菲特有以下几个原则：

（1）要从百分比表示，而不是绝对金额数。

（2）相同期间来衡量，通常都以年为基础来换算回报率。同样获利 20% 时，如果甲是 6 个月投资的回报率，而乙是两年的投资回报率，显然甲要大大好于乙，因为甲的年回报率是 40%，而乙方只有 10%。

（3）以投资净值来计算，而非投资总值。以房地产投资为例，如果以 30% 的第一期付款买得一栋 20 万元的房子，你的投资总值是 20 万，但净值只是 6 万。如果房子涨到 30 万，你实际获利是 167% 而非 50%。

在进行投资时，另一个重要的问题是能够正确看待投资赚赔之间的关系，这样才能将可能发生的亏损所造成的伤害减至最小。

必须指出的是，赔钱后再将亏损赚回，并不如想象的那么容易。你可能会想，如果投资股票赔了 20%，只要等股票回涨 20% 就又打平了。其实不然，由于你的资金赔掉了 20%，剩下的只是

80%，以本钱的80%想赚钱打平，所要赚回的是剩下的80%的1/4，即25%。因为80%的25%只有16%，因此必须要涨25%才能捞回已损失掉的那20%。

这样的涨跌关系可能很多人都没太注意，总感觉赔掉几个百分比，再赚回几个百分比就行了。你应充分认识这种赔赚上的"玄机"。万一你赔去投资额的一半，要做到回本就要以所剩资金再赚回1倍（而不足50%）方可，如果赔掉了75%，就必须赚回所剩资金的3倍。如果赔钱后再想捞回来，要比想象的难得多。

由于仅靠赔剩的资金捞回来，确实非常困难。但如果再加上手边的资金，就能比较容易一些，这就是"摊平法"。最后要强调的是，当股价处于高价位时，有必要减量经营，手边留点钱以备不时之需，千万不能倾你之所有再加借贷死命加码，因为，低进高出才是投资获利的不二法门。

怎样做一个精明的投资家

一个人可以把赚的钱存起来，也可以花掉。因此，在人的一生中，赚到的钱应该等于储蓄的钱加上花掉的钱。人之所以储蓄，其动机有二：一是为了防老、防意外、防失业；二是为了盈利，使原有的钱不断增值，或至少不会贬值。由于通货膨胀和人们收入上升的因素，人们赚到的钱，如果不使其增值，就会无形中贬值，所以，要想让自己的钱不至于贬值，就需要进行投资。其实，在现实的经济生活中，存钱生利和存钱防老、防范风险并不矛盾，最理想的方法是存钱既能增值，又能防老和防范未来的风险。

在实际经济生活中，获利最大、风险也比较大的投资活动就是金融投资或投机活动。由于金融领域的投资风险比较大，很多人会靠存钱于金融投机事业来防老。金融投机包括买卖黄金、外汇、股票、债券，金融投机家买卖金融工具的目的就是为了赚取买卖之间的差价。金融投机需要高超的技巧、灵活的信息、正确和果断的判断，它并不是一般人能够胜任的，但具有这方面特长的人又不一定具备投机所需要的资本。于是，金融代理商应运而生，如美国的老虎基金等机构投资者就是利用他人的钱进行金融投机的。

那么，作为个人如何做一个精明的投资家呢？我们先来测试一下自己的投资能力。如果我们要投资于不同的证券（或债券），我们的目的是：A.增加投资回报，在每只证券高位时卖出；B."跑赢"大市；C.降低投资亏损的机会；D.跟风，人做我做。作为理智的个人投资者，正确的答案是C，即投资要尽量降低投资风险，这就需要分散投资，"不要把所有的鸡蛋都放在同一个篮子里"是个人投资的至理名言，这个现代投资的组合理论是1957年诞生的，它要求投资者按部就班、有系统地设计投资的组合，把风险降到最低，它还要求我们掌握分散投资的秘诀。

如果我们有10万元资金，假定投资者只有甲乙两种产品可以选择，那么，如何分配资金呢？A.全部投资于甲产品；B.全部投资在乙产品；C.大部分投资在甲产品，小部分投资在乙产品；D.小部分投资在甲产品，大部分投资在乙产品。对于冒险、进取性的投资者来说，选择A或B，孤注一掷，虽然波动比较大，但其回报也更大。作为一个比较保守的投资者，又如何分配资金呢？如果甲产品与乙产品是不同的投资产品，其价格的波动并不是同步，甲上升时，乙不一定上升，甲下跌时，乙可能上升。如果刚好甲乙两种产品的价格方向相反，那就需要搭配好两种产品的投资组合。从这里可以看出，要有效地分散投资，降低投资风险，选择投资产品时，最好是选择价格波动完全相反的产品。这样，一种投资产品的亏损可以由另一种投资产品的盈利来补偿。

如果我们有多只科技基金同时选择，那么，是不是选择不同的科技基金就可以分散投资风险呢？并非如此。其实每只科技基金都已足够分散了风险，但科技行业本身的风险是投资科技基金必须承担的，这种行业风险，不会因为多买几只科技基金就可以减少的。也就是说，买一只科技基金与买多只科技基金的风险是一样的。所以，要分散投资风险，必须使所投资的产品尽量互不关联。有的人可能会认为，投资于一个低风险的产品，又投资于一个高风险的产品，这样相互抵消就可以实现中等风险了。这其实也是错误的，因为存在一个高风险产品就不会降低另一个低风险产品。但是反过来，如果一个比较保守的投资者买了很多低风险的政府债券（国债），那么，他加进一些高风险的投资，不但不会增加整体的投资风险，反而更可以适度减少投资风险，增加整体的投资回报，因为少量的高风险投资也意味着其潜在的高收益，如果这只投资收益高，可以迅速抽调部分资金获取更高的收益，而如果其收益亏损，可以迅速出手，不会被"套牢"。

总之，分散投资的目的，就是在不影响投资的预期回报的情况下，通过分散投资来降低风险，其秘诀就是所选择的投资产品必须是相互关系不大、互不影响的产品。但并不是说只买绩优股，不买垃圾股。分散投资的第一步就是决定股票/债券（国债）的比重，这两种投资产品在关键的时刻，表现互异。例如，当大家预期中央银行将提高利率时，股市会受此影响而下跌，资金转入债券市场。在经济复苏时期，股票和债券都上升；在经济从峰顶回落时，二者都会下跌。分散投资的第二步就是把资金分散在不同的市场、地区，比如香港、深圳、上海三个不同的地方，股价的上涨和下跌是不同步的，分散投资可以降低风险。另一种分散投资的方法就是把资金分散在不同的行业，工业、运输业、公用事业、金融业、高科技产业等不同的行业，其股价的上涨和下跌是不同步的，分散投资也有利于降低风险。在投资中，分散公司风险尤其重要，比如，我们知道，一些高科技行业，前景十分好，但淘汰率也很高，如果我们将自己的资金分散在10多家很有前途的公司，即使只有几家公司成功，这几家公司带来的利润也足以补偿投资失败。

降低投资风险的另一个方法就是分散资产投资，除了股票外，还可以加入国债、艺术品、收藏品、贵金属、房产等。但这些资产投资也有一个缺点就是不能迅速"套现"，其流动性比较差。此外，还可以通过增减现金来调节投资风险，即在股票或债券市场上涨时，大量投入现金，当市场逆转时，增加现金持有量。当损失来临时，还可以通过股票期货或股票期权等金融衍生产品，把投资组合部分或全部"锁定"，这样有利于把风险降到最低。

收藏也是经营财富

在2005年的瀚海秋拍中，徐悲鸿的一张《巴山汲水》拍出了1650万元的天价，而它在1999年只拍到120万元，5年之间增值十几倍，什么股票、房地产都没有这么高的利润和升值潜力。如果放到如今的2019年，还不知道又会创造怎样的拍卖纪录。所以，收藏艺术品也将等于让自己的财富迅速增值。不仅艺术品可以收藏，人民币、邮票、名酒、名表、玉器、钻石等都很有收藏的价值,例如第一套人民币仅存 30 余套,其收藏价值一路狂升,从 1975 年的 6000 多元升值到现在的 300 万元的天价。

一般来说,随着经济的发展和社会的进步,人们对艺术品和收藏品的需求会加速增长,根据马斯洛的欲望和需求理论,人们在满足了比较低的需求后,会逐渐转向更高的需求。在经济发展后,一部分富人吃穿住用等生活需求不用愁,他们就要转向精神方面的需求了,因此,随着经济的发展和富人阶层的增加,富人对艺术品和收藏品的需求快速增加。

不过,搞收藏需要很高的文化修养和艺术鉴赏水平,以及充分了解相关的信息。不懂艺术品、收藏品的价值,导致投资赔本的事情也时有发生。据说,有位富人花了 3000 万买了一堆文物,专家看过后,发现没有一件是真品,3 万元给他都不要。

搞收藏,关键的不仅是辨别真伪,还需要眼光,不同的艺术品和收藏品,其增值的空间也不一样,而培养这种眼光就需要学习,需要学习许多相关的知识。收藏艺术品需要分析供给和需求,一般来说,物以稀为贵,发行的纪念币、邮票、纪念册、艺术品等,越是发行量少,越具有纪念意义,也就越有收藏价值。如果某位知名的画家或书法家,其作品价值比较大,社会上对其书画的认可程度比较高,而且他年纪比较大了,那么,购买这样一位画家或书法家的字画就很有收藏价值,一旦这位画家或书法家逝世后,画家的画或书法家的字就十分值钱了。因为供给减少了,而对其作品的需求并没有降低,甚至于很多人都知道画家或书法家已经不在了,对其作品的需求会迅速增加,从而导致其作品价格迅速上升。要使自己的收藏品大幅度增值,必须长期收藏,即使暂时跌价也不为所动,或暂时升值也不出手,坚持长期持有,收藏的时间越长久,收藏品的价值就越大。

现在很多年纪比较大的人，大概都使用过第二套、第三套、第四套、第五套人民币，当时我们使用那些人民币的时候，绝大多数人都没有想到，一些以前根本不值钱的人民币竟然会身价狂涨。例如，1962年版的一角纸币"水印蝴蝶版"，最新的市场价已经达到了1.8万元；第二套人民币的五分纸币也已卖到了400元，第二套全套人民币的市场价在6.8万元左右；第三套人民币的"大全套"价格暴涨到2.9万元；第四套人民币在2006年还只卖到150元左右，如今涨到了400元。人民币并不是所有的品种都有收藏的价值，主要是那些退出或即将退出流通领域，而且发行量很少的品种，才具有巨大的增值空间，即物以稀为贵。

2006年以来，邮票市场也逐渐复苏。一般来说，邮票价值的高低受到题材、发行量、存世量、群众的喜爱程度等多种因素的影响。因此，邮票的价格更是一种随机游走的态势，和亚洲小姐、世界小姐、香港小姐的选美大赛一样，可能某一时间的价格并不代表其真实的价值，其中的泡沫成分也不少，但最终的价值是其得到社会认可的价值。在投资时，挑选好的邮票品种是一门学问，一般来说，1991年以前的老纪特邮票存量少，基本上都沉淀在社会，所以，其保值增值的价值比较高，是收藏的首选。1992年至2003年的编年邮票，由于发行量大，国家历次销毁的品种不少，现在有不少正处于打折的行列，而邮票商则热衷于炒作新邮票，所以，其收藏也具有一定的潜在升值空间。金银邮票则是邮票市场中最优秀、最具潜力的板块之一。收藏邮票一样具有风险，可以将资金分配在不同风险水平的邮票上，可以分散投资风险。

在局势动荡时期，名贵钻石的保值避险功能比黄金还高得多。目前，价值100万的黄金有10公斤重，而名贵钻石每克钻石的价值在9~16万元人民币，钻石是否具有保值、增值的功能主要取决于 4C。第 1 个 C 是色泽，以无色和略带黄色最常见，最高组的是纯白色；第 2 个 C 是净度，大部分钻石都内含细小的"胎记"，称为内含物，一颗钻石的内含物数目越少，体积越细微，它的形态就越完美，其收藏价值越高，完全没有内含物的钻石，其价值相当高；第 3 个 C 是车工，切割好的钻石光芒闪烁、美丽无比，切割太浅和太厚都会降低钻石的美丽度，降低其价值；第 4 个 C 是指克拉，即钻石的重量，一般而言，钻石价值的大小与克拉成正比。

此外，很多工艺品、玉器等都有收藏的价值，主要还是要看它们的稀少程度，越是稀少的艺术品、工艺品、玉器、名贵手表、名贵酒等，就越有收藏的价值，但从事收藏的关键还是要有一种眼光，看到一般人没有看到的潜在升值能力。而培养这种眼光既需要学习相关的知识，更需要有这方面的天赋，善于捉摸和理性地分析，而不是盲目炒作。